關於水晶靈性的儀式、法術和魔法實踐

女巫的水晶魔法

Eliza Mabelle
愛麗莎·馬貝爾———

著

CRYSTALS for WITCHES

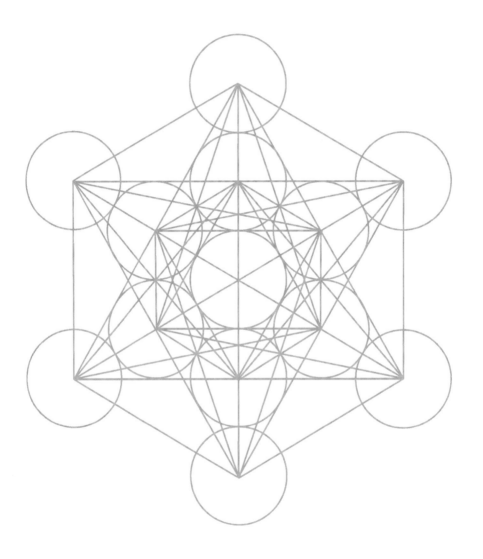

目錄
CONTENT

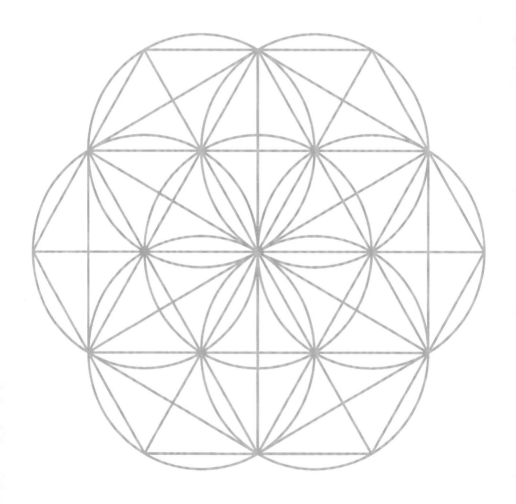

簡介

在歷經氣候變化和生態危機之下，全世界的人都逐漸了解尊重自然的重要性。許多人開始覺醒，意識到了我們宇宙中的一切，從大地到樹木，從微風到星辰，都存在著神聖的靈性。

這種新興的意識正通過許多方法表現出來，其中之一就是水晶的流行。主流文化偶然發現了一些看似新鮮但其實和人類歷史一樣古老的事物：水晶的力量。這些五顏六色、閃閃發光的塊狀物具有神祕的吸引力，幾乎能和大家的神奇內心世界產生共鳴。

地球上的靈性實踐，例如巫術，在操作過程中一定會和大自然創造出的事物有與生俱來的連結，其中也包含石頭。水晶則尤其神奇；它有吸引、驅逐與吸收的力量，也能影響人和環境周圍的能量。石頭在巫術中的作用是由它的顏色、形狀、歷史和振頻決定的，同時也取決於女巫和水晶靈性的個人關係。

「巫術」是個廣義的術語，它包括了多種實踐和信仰體系。儘管操作巫術的結構化方法的確存在，例如威卡魔法和其他帶有入門儀式的流派，但操作巫術其實並不需要你歸屬某種傳統或血脈，也不需要被貼上特定標籤。巫術非常個人化；它來自於你獨一無二的靈魂和內心。

我是通過獨自學習外加依靠直覺來開啟我的巫術之路的，這就意味著我所學到並且實踐的巫術與宗教派別無關。這本書也是以同樣的開放精神撰寫而成，任何對巫術和水晶感興趣的人都可以使用。如果你已經是職業女巫，可以輕鬆調整書中的資訊來適應你現有的信仰體系；如果你還是巫術的初學者，這本書除了特別注重水晶魔法之外，還會介紹一些巫術的基礎知識。

許多女巫相信世界上萬物有靈，認為自然中的一切都有靈性，水晶則像是這種生命能量中格外強勁的群集。就像你可能會和某些動物或者植物建立獨特的連結一樣，在你學習如何把水晶融入巫術實踐的時候，你就會和它建立獨特的關係。這本書也會告訴你如何選擇和採購水晶，以及如何讓它與你的巫術實踐融為一體。這本書有很大一部分專門介紹辨別水晶的方法與其魔法特點，從而助你加深對水晶世界的理解。書的第二部分則會介紹一系列法術和儀式來讓你試驗，每一種法術都能用不同方式喚起水晶的魔力。

水晶既然是巫術的一部分，我當然也和幾顆水晶有著密切的關係，也常常把水晶融入法術和儀式。例如，我用黃鐵礦製作過吸引金錢的護身符，也曾把紅玉髓碎石封入蠟中製作成功蠟燭，來加強蠟燭的能量。我還在我家的外圍埋下了有保護作用的水晶，來確保家宅平安。這些都是巫術和水晶能夠共同發揮作用的例子。這本書能讓水晶陪在你身邊，幫你建立屬於自己的巫術實踐。

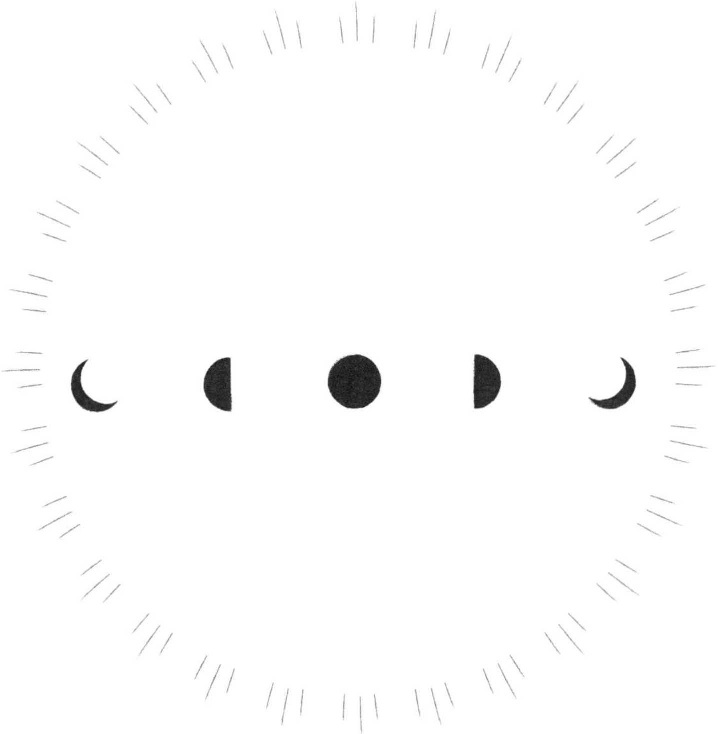

了解水晶靈性的魔法力量

當你初次發現水晶和巫術的世界時，會有大量資訊向你湧來，可能因此很難了解要從哪裡開始。在這本書的第一部分，我們會從水晶魔法的絕對基礎開始，重點介紹寶石的靈性究竟如何，以及水晶為什麼能成為巫術實踐的一部分。這樣的基礎能幫你和石頭的靈性建立個人關係，也能引導它進入你的生活。

第一章

水晶魔法的力量

水晶、寶石和礦物是強大能量的容器，就像所有植物、動物以及宇宙中的任何元素一樣，都有著相同的生命力。我把這種能量稱為靈性。靈性是女巫用來改變生活和身邊世界的力量。有些女巫認為靈性能與土元素、風元素、火元素和水元素並列，是第五種元素。在這一章節，你將會了解石頭和水晶是如何成為巫術實踐中不可或缺的一部分。

是石頭還是靈體？

　　自古以來，水晶就讓人類著迷，並且在科學世界和靈性世界都發揮著重要的作用。有些人認為水晶純粹是看起來很漂亮的非靈性物品；有些人則認為水晶擁有無法解釋的魔法力量。當你把水晶和巫術相結合的時候，這些看似相悖的觀點就會相符。我們認可水晶的美麗之處，也相信它包含了靈性能量。

水晶的科學

　　每個水晶都由原子、分子和離子的固定微觀模型組成，沒有受到干擾時，此結構會不斷重複並以可預測且永不改變的晶格結構向外延伸。水晶保持、引導和操縱能量的能力與其無限延伸的晶格結構直接相關，晶格結構能在水晶中形成小刻面、平面、立方體、六邊形或其他形狀。

　　在現代科技中，水晶可以用來傳導能量，有些晶體帶有能夠被監測到的電磁場，可以影響人的身體。石英晶體具有壓電性，這意味著石英被壓縮的時候能夠產生電。石英晶體以持續恆定的頻率攜帶電荷，因此成為收音機、計算機、手錶和其他設備的重要組成部分。這種能力能從物理學延伸到形而上學；既然水晶能夠生成和傳導自然力量，那麼或許也可以利用、操縱個人力量，例如人的情緒和意圖，以及療癒能量。能量療癒師利用不同水晶發出的獨特振動，來增加、去除和平衡體內的能量以治療疾病。

　　談論到水晶的時候，許多術語會混淆在一起。像水晶、石頭、礦物和寶石這樣的術語經常互換使用，但其實所指涉的是不同物體。

水晶：當原子、分子和離子的微觀組合形成能夠以連續且完美的方式重複自身的固定模型時，水晶就會出現，從而形成以點、刻面和角度表現出來的三維幾何形狀。水晶可以由礦物質組成，也可以由有機物質組成（糖和蛋白質就是有機晶體的兩個例子）。但水晶和岩石不同，晶體不包含一種以上的物質。

礦物：礦物在地球深處形成。每種礦物都有特定的化學成分和內在的晶體結構，且是天然存在的固體，不包含任何來自植物或者動物的化石有機染料。礦物由地球內部的熱量、壓力或水分蒸發而形成。從礦物中形成晶體可能需要數千年或數百萬年的時間，還需要精確的環境條件才能形成，且每種礦物所需要的條件都不同。具有相同化學成分的兩種礦物，可能具有完全不同的晶體結構。

岩石或石頭：岩石由多種礦物質、類礦物（類似礦物且天然存在的物質，不具有晶體結構）和有機材料混合在一起所構成，包括植物化石和動物化石。有些稱為水晶的石頭其實就是岩石，比如青金石和玉石。

寶石：寶石是指珍奇寶物或不算貴重的石頭，其硬度足以切割成珠寶。寶石可以是水晶、礦物、岩石，也可以是琥珀等有機物質。

為了簡單起見，我會在本書中交替使用水晶、石頭和寶石這三個術語。我也會介紹其他不是水晶的珍貴物質，例如琥珀和珍珠，這些材料也是自然形成的，同樣擁有古老的力量，也能夠像水晶、寶石和石頭一樣用在你的巫術之中。

能量和靈性

水晶最著名的靈性用途就是能量療癒，例如靈氣療癒和脈輪療癒。人們相信，不同的水晶能和我們物質與靈性身體中的不同能量中心產生共鳴，且有助於調整、淨化或者修復。有些能量療癒師認為，水晶還能夠緩解像高血壓、腸道問題和頭疼這樣的健康問題。

在這些作法中，水晶被當成管道，可以把集中的療癒力量送到需要的地方。在巫術中，我們則更進一步認為水晶也能夠藉著吸引或者驅除我們以外的力量，例如愛、豐盛和保護，來影響我們身邊的世界。

女巫的水晶

女巫和水晶的關係類似於她們與其他的生命體一樣，就像動物和植物，每塊石頭都存有獨特的振動或靈性。不同的水晶有著不同的魔法特性，例如吸引友情、鼓舞勇氣或抵擋消極情緒。女巫會根據這些不同的特質把水晶用在法術、儀式和冥想中。水晶也是許多巫術實踐的重要部分，會受到尊重和愛護。

自然母親的餽贈

巫術植根於和自然的連結。許多女巫都認可大自然中存在的靈性，從微風到火焰、樹木到雨露都有靈性。雖然所有的石頭都能夠以不同方式表現出自己的力量，普通的岩石也是這樣，但水晶尤其特殊。當地球內部發生自然現象的特定結合時——例如熱量、壓力

和水的流動——水晶就會形成。這樣的自然現象會賦予水晶和普通鵝卵石完全不同的能量。例如，熔岩遇到水會形成黑曜石，這就為黑曜石帶來非常與眾不同的特性。水晶的美麗、稀有和創造水晶所需要的獨特條件，讓它成為了自然母親的珍貴禮物。

水晶魔法

許多人在直覺上被水晶的能量或者靈性所吸引，只要通過實踐和耐心，你就可以學會感受這些力量並與之互動，讓它增強你的法術和儀式。冥想和設定意圖是和水晶的靈性共同進行魔法工作的第一步。

冥想可以讓心靈平靜，讓你進入冷靜且樂於接受的狀態。水晶就像許多自然生物一樣，交流的方式非常隱晦，你必須在心態正確的時候才能體驗。心煩意亂或是有壓力的人就難以和水晶的靈性互動。

如果要了解你的水晶，可以做些深呼吸，然後進入放鬆和開放的心態。把水晶握在手中，讓知覺和感受流動。你也許能夠感受到水晶散發出的微妙振動，或者甚至能看到它的光環或能量場。在這種冥想狀態下，請留意你的感受。有些水晶能帶來平和的感覺，有一些水晶則有激活身心的效果。這樣的練習可以讓你了解更多關於這顆水晶的特性。

在你對水晶有所了解之後，你就可以設定意圖了。將你的意圖和水晶的能量結合起來，就像把水晶靈性的能量引導到某個方向一樣。你的意圖，無論是吸引愛情、帶來保護，還是任何其他內容，都一定要清楚簡潔。水晶本身很強大，但它需要與你想要的結果相

結合才能顯化出你的計畫。如果你的目標和水晶的魔法屬性相匹配就會很有幫助，所以了解不同水晶的屬性基礎會非常有用。（你會在第三章中了解更多相關資訊。）

用你自己的方式練習巫術

如果你是已有既定信仰體系的職業女巫，水晶魔法能夠無縫融入你的信仰，為你的作法帶來新的維度。水晶融入巫術的方式就像你把其他元素（例如草藥或植物）加入巫術的方式一樣；和使用草藥的方式一樣，人們會根據水晶的魔法特性把它用在法術和儀式裡。你可以把水晶放在聖壇上，吸引魔法能量或者增強法術效果，也可以在冥想中使用水晶，或者把它製作成護身符。

你可能會發現世界上某些地區形成的水晶，對你有特別的意義，而這些地區又與你的傳統相關。如果你與特定的神明、女神或精靈有連結，也可以把水晶當作供品獻給祂們。你甚至可能會發現，有些特定的水晶能夠和某些神靈的性格特點產生共鳴。

把水晶魔法融入你的巫術絕對不應該改變或者干擾你當前的魔法實踐。你被水晶吸引之後，就會發現水晶不僅能豐富你的巫術，也能為巫術增加新的能量和力量。

神聖的工作空間

當你決定開始水晶魔法之旅的時候，為這個目標準備一個特別的操作地點可能會有所幫助。在巫術中，這個神聖的空間有時候被稱為聖壇。出於多種原因，神聖空間非常有用，它能向你的潛意識發出訊號，表明你已經進入了靈性領域，而這樣能讓你和水晶建立正確的交流心態。尊重你的聖壇，它也會為你的水晶帶來尊重，並且隨著時間的推移，聖壇會在它的所在之處形成能量上的持久影響；你在那裡操作魔法的時間愈久，聖壇會變得愈平和也愈強大。

你的神聖空間或者聖壇不必很大，也不必複雜，它可以像茶几甚至窗台一樣簡單。如果你打算進行法術、使用水晶陣，或者開展儀式，則需要準備一個平坦的檯面。你要選擇一個不會被別人打擾，而且可以輕鬆關閉電子設備專注在當下的空間，還要確保這是能讓你感到平靜的地方；避免那些最近發生過讓你感覺苦惱之事的地方。

如果你已經有了聖壇，就可以像使用其他魔法用品一樣在聖壇上使用水晶了。

魔法物品和工具

以下是你可能會在神聖空間中使用的物品。

元素：土、風、火、水這四種元素常常出現在巫術中，也用在許多法術和儀式裡。有些女巫會加入第五種元素：靈性；根據她們的作法，靈性也可以她們所選擇的神靈或女神、宇宙或全者來稱呼。你可以在聖壇放上能代表這些元素的物品，例如貝殼代表水元素，羽毛代表風元素，植物代表土元素，小蠟燭代表火元素。靈性則可以用雕像、水晶塔或者白色蠟燭來代表。

薰香：薰香棒或者錐形薰香的香氣和美麗的煙霧能幫你進入冥想狀態。薰香也可以用來淨化水晶。有些人喜歡使用散裝的天然薰香，這類薰香必須放在耐熱盤中的木炭上燃燒。

托盤：準備一個托盤，最好用木頭之類的有機材料製成，在水晶進行月光浴的時候可以用來放置水晶。托盤可大可小，具體取決於你要在上面放多少水晶。

蠟燭：燭光能夠帶來柔和溫暖的光線，非常適合幫助你達到使用水晶所需要的精神狀態，同時也能告訴神靈你正在進行神聖工作。

小袋子：小型布製或皮製束帶包，用來收納水晶。

透石膏水晶棒：透石膏能同時淨化和增強它接觸到的所有水晶，所以準備一些透石膏水晶會非常有用。

五芒星盤：五芒星，也就是在圓環中的五角星圖案，是巫術中的神聖符號。星星下半部的四個角代表土元素、風元素、水元素和火元素，而最頂端的角代表靈性；圓環則代表了永無止境的輪迴。在你木製、金屬或者布製的聖壇上準備一個五芒星盤會很有用。

淨化煙霧或噴霧：有些人每次進入他們的神聖空間前，都會使用水和精油製成的噴霧，或是燃燒鼠尾草這類擁有魔法特性的植物，用燃燒產生的煙霧來進行淨化。這樣的水氣或者煙霧能夠清除日常生活中不需要的堆積能量。

日記本：為你的水晶魔法準備一本小日記。在你了解到各種不同的水晶後，可以記錄下你對水晶的印象。這樣做能夠幫助你記得哪顆石頭最能與你產生共鳴，也能在日後幫你決定如何在儀式中使用它。

合理採礦、公平貿易，和其他開採考慮

開採療癒水晶的環境和道德影響對許多人來説都很重要。關於開採對地球的影響、工人的福祉和總體上水晶的真實成本依然存在疑問和擔憂。在蒐集水晶時要記住以下事項：

- **做足研究。**購買水晶的時候，要尋找對開採過程公開透明並且對合理開採有使命宣言的供貨商。許多水晶賣家都很關心這些問題，也樂意分享這些資訊。

- **從地區方面考慮。**有些國家的開採條件受到嚴格監管，因此開採出的水晶相較而言不太可能去剝削工人。找出水晶來自世界上的哪個地方，這樣你就可以研究水晶發掘過程中的工作條件。

- **珍惜水晶。**儘管有些水晶並不昂貴，但水晶並不是一次性使用的物品。要記得，水晶可能需要數百萬年才能自然形成。與其每次進行愛情法術時都買新的粉水晶，不如淨化你已經擁有的粉水晶並重複使用它。任何水晶淨化後都能重複使用。

- **為合理開採而發聲。**如果像你一樣要求合法開採和公平貿易的消費者愈多，遵守規則的企業也就會愈多。記住，要為你的消費表明立場。

你的水晶夥伴

發現新的水晶並學習把它融入你的巫術是神祕而有趣的體驗。以下幾個方法，可以讓你和水晶建立的新關係盡可能變得正向。

找到你的水晶

水晶正當流行，你幾乎能在任何地方找到水晶：商場、大型零售商和家居店都可以。通常，採購水晶的最佳方式是去到玄學用品店（親自去或是在網路上購買），或者參加寶石展覽和博覽會。在這些活動中，你可以和博學的人討論你要購買的水晶，並且更深入地了解，還能知道水晶的來源。

最理想的情況是親自購買水晶，這樣你就能夠觸摸水晶，並且感受它的能量——儘管線上購物有許多好處，你可以在網路接觸到更多種類的水晶和更多賣家。在挑選水晶的時候，你會注意到有些水晶特別吸引你的眼球。如果你出於某些原因一次又一次地被同一顆水晶所吸引，無論是因為顏色、形狀還是其他不可名狀的原因，那就意味著那顆水晶正在召喚你。網路購物也是如此：如果那顆水晶在外表上吸引了你的注意力，或對你有意義的人或地點與它有所關聯，那麼它很有可能注定了要屬於你。

不妨把水晶握在手裡試著感受它的能量。能夠與你的能量相匹配的水晶可能會發出輕微的振動，讓你有麻刺感，或者帶來溫暖或涼爽的印象。如果你手中的水晶讓你感到壓抑、不舒服，或者沒有意義，那就意味著此時的這顆水晶並不適合你。有時水晶讓你感覺到不對勁，可能僅僅是因為它並不是你當前生活所需要的水晶，所

以它會引導你遠離它，轉而尋找更合適的水晶。

　　如果水晶偶然出現在你身邊，無論在什麼時間，無論是你收到的禮物還是在舊物拍賣中獲得，這顆水晶都一定是為你準備，並且它找到你是有原因的。

療癒和連結水晶

　　如果你把吸引你的水晶拿在手中卻感覺不舒服，那可能是因為它的能量場在找到你的路上已經損壞了，特別是當你在網路上購買的時候。一顆被許多人經手過的水晶會吸收所有人的情緒。如果它以失禮的方式從大地中被取走，或者是開採的方式對人類和生態系統有害，這樣的水晶可能需要療癒之後才能使用。頻繁用於療癒目的的水晶也是這樣。你可以把這個過程想像成照顧需要恢復健康的動物或者植物，暫時不要用它進行任何咒語或儀式；相反，讓它休息，好好愛護它。以下是你可以為水晶做的一些事。

- 把水晶放入土中，持續幾天，讓它的能量穩定下來。想像大地正在吸收水晶的負面能量，並讓它的能量接地。
- 把水晶放在陽光充足的溫暖地方，想像它正在吸收令人安定的日光。
- 隨身攜帶水晶，讓它吸收你身體的熱量及你對它的療癒意圖。
- 睡覺時把它放在枕頭下，它會繼續從你發出的能量中受益。
- 對水晶呼氣，想像你的呼吸是柔軟、溫暖、治癒的薄霧。想像你正把你的活力和生命能量發送進水晶裡。每天需要重複幾次。

試過這幾件事之後，再把水晶握在手裡，感受一下它的能量有沒有變好。可能需要嘗試許多次才能完全淨化或者療癒水晶。淨化水晶也可能有助於療癒過程，我在本章節之後還會繼續介紹。

如果在完成這些療癒之後，你依然對水晶感到不舒服，那就把它送給別人，或者把它還給大地，就此放手。

女巫只要記得對水晶保持覺察，就能和這些水晶夥伴保持牢固、健康的關係。只需要把一顆水晶握在手裡，就是在認可它並為之賦予能量；你也可以偶爾花些時間一個個觸摸水晶，感受每顆水晶的不同。這是一種讓水晶和水晶之中的靈性能量與你報備的方式。

要記得傾聽你的水晶：有時候它會以掉在地上或其他方式來引起你的注意。你可以隨身攜帶水晶或在冥想時把它放在附近，它可能會向你傳達某些訊息，或是你在那天需要用到它的獨特能量。如果你發現某個水晶在呼喚你，可以試著把它放在床邊或者枕頭下睡覺，你有可能在夢中收到訊息。

淨化和愛護水晶

水晶可以吸收周邊的能量，有時這種能量會一直保持在水晶之中。如果定期使用某顆水晶進行療癒，那麼這顆水晶就會吸收一些來自這種作法的振動。很多人經手、或是長時間沒有使用過的水晶也需要清除積聚的能量，可以把淨化水晶想像成按下重置按鈕。經過淨化之後，水晶的能量就會變得清澈而真實。以下是一些淨化水晶的方式。

水浴：把水晶放入一碗水中，靜置幾小時，讓水把積累的能量輕輕移除並吸收。淨化浴之後，讓水晶自然風乾，然後把水倒掉。但要記住，有些水晶會被水損壞。這樣的資訊我們會在第三章逐個介紹水晶時詳細說明。

煙霧淨化：將水晶穿過薰香或者草藥燃燒所產生的煙霧。把水晶放在煙流中，同時觀想它的能量場變得乾淨明亮。如果你準備燃燒草藥，可以選擇有淨化作用的草藥，比如月桂葉或者迷迭香。燃燒鼠尾草是美洲原住民和土著民族的神聖儀式，被稱為煙燻淨化。雖然燃燒鼠尾草變得愈來愈流行，但它在原住民和土著文化裡是一種有意義的儀式，所以如果你選擇使用鼠尾草，請確保你有尊重他們的傳統，也要留心鼠尾草的來源。

鹽：鹽能夠以許多實用的方式發揮淨化和療癒作用，這樣的功能也能用在水晶上。把你的水晶埋在一盤海鹽裡，讓海鹽完全覆蓋它。鹽會吸收水晶中不需要的振動。有些人也會把水和海鹽混合在一起淨化他們的水晶。但要記住鹽對某些水晶有腐蝕性，可能會毀壞水晶。這樣的資訊我們在第三章中會介紹。

天然水源：你也可以考慮在下雨的時候，把能接觸水的水晶放在戶外。雨水是天然的清潔劑。你也可以找一條溫和、未受汙染的小溪或者其他水體，讓你的水晶在其中靜置幾個小時，但要留心不要讓水流把水晶沖走。

透石膏：透石膏是一種石膏礦物質，能夠淨化、增強它接觸到的所有水晶。把你的水晶放置在透石膏上停留一夜，透石膏會吸出水晶中的有害能量並且中和它，同時還能為水晶補充能量。

雪：如果你生活在寒冷地帶，可以把水晶放在容器中，然後用雪覆蓋在水晶上，把它帶到室內等雪融化。當雪從冰晶變成水之後，它就會將水晶的能量轉化成最純淨的狀態。但會被水損壞的水晶則不要這麼做。

水晶淨化之後，你可以在日常生活中做些事來保持水晶能量的健康和純淨。請一定要把易碎的精緻水晶包裹在單獨的軟布裡，這樣才能保持水晶的完整和安全。不使用水晶的時候，要放在專用的盒子或者碗裡，這樣可以保護水晶免受外界的振動和灰塵影響。在水晶的盒子裡放一大塊透石膏，可以讓所有水晶保持純淨同時受到保護。在滿月期間，可以把水晶放在戶外或者窗台上吸收月光的能量。

保持水晶乾淨不受損就是從物質層面關愛你的水晶，這樣對維護你和水晶的靈性關係以及保持強大的能量很有幫助。要記住，你和水晶之間存在連結，即使你沒有試圖去顯化任何東西，也應該時常與水晶互動。如果只有當你需要水晶為你「工作」的時候才認可它的力量，其他時候則無，是對水晶的不尊重。

補充能量

為水晶補充能量是把它融入巫術的關鍵部分。可以把它想像成替手機充電；如果長時間忽視這一步，手機就會進入休眠狀態。若對水晶長時間置之不理或者太久沒有使用，也會發生同樣的結果。為你的水晶充電需要使用來自自然界的能量。從某種意義上來說，這樣做就是在餵養水晶，並且讓它的能量保持新鮮有活力。以下是為你的水晶夥伴補充能量的基本方法。

白水晶柱：把需要補充能量的水晶放在平坦的表面上，用三個以上的白水晶柱圍繞它，水晶柱都指向圓圈的內部。白水晶能夠引導和加強能量，所以讓它對準你的水晶能夠把正向能量傳送進去。

陽光：陽光是另一個為水晶補充能量的自然方式。陽光讓植物生長，使生命茁壯成長。把你的水晶放在陽光下，讓陽光直射幾小時，並且觀想水晶吸收了豐富的能量，這些能量能讓水晶像花朵一樣綻放。有些水晶經過長時間陽光直射會褪色，從而影響其魔法能量。為了避免褪色，請縮短這類水晶放在陽光下的時間到幾分鐘。（這樣的資訊我們會在第三章逐個介紹水晶時提到。）

月光：滿月也是水晶能量的重要來源。可以把水晶放在戶外或者窗台上，即使是在多雲的夜晚，月亮的能量也能夠接觸到水晶，並為它注入能量。

觀想：你需要進入放鬆的冥想狀態，覺察到內心的能量，感受它隨著生命節奏跳動。想像你的心中發射出了一道白光。把水晶放在胸前，想像你心中的能量完全包圍並充滿水晶，為水晶注入了生命。盡可能長時間保持這個觀想狀態，直到你感到水晶充滿了能量。

五芒星：如果你已經準備好了聖壇，就把水晶放在聖壇上五芒星盤的中間。你也可以在紙或布上畫出你自己的五芒星，然後用同樣的方式使用它。如果你能設計出屬於自己的魔法符號或者標誌，也可以用來為水晶補充能量。

蠟燭：在你的魔法操作區域、聖壇或者神聖空間點燃六個或者六個以上的白色蠟燭，用蠟燭圍成小圓圈，把你的水晶放在圓圈中心，再點燃蠟燭。讓充滿活力的火元素能量注入水晶。完成之後請吹滅或掐滅蠟燭。

植物：把水晶放在健康的樹下，讓它接觸到樹根或者樹皮。你也可以把水晶放在盆栽植物裡，這樣它就可以連結到來自生物成長中的純粹生命力。

草藥：艾草可以在巫術中用來增加通靈力量，它也常常用於給魔法用具補充能量。你可以把乾艾草煮沸成茶，讓它冷卻，然後把水晶放入其中靜置數小時。你也可以把乾艾草放在容器中，然後把水晶放進去，用艾草完全覆蓋水晶，靜置數小時。其他適合為水晶補充能量的草藥還有玫瑰花瓣、迷迭香以及鼠尾草。

賦予力量

為水晶賦予力量和補充能量並不同。經過淨化並且補充能量的水晶本身非常強大，充滿了能量，但這樣的能量需要被賦予方向。為水晶賦予力量，有時又叫作設定指令，是賦予水晶特定任務讓它幫助顯化預期結果的方法。水晶能完成的任務有很多，例如吸引愛情或豐盛、創造能量保護罩，還有增加通靈能力。在開始為水晶賦予力量之前，請確保你已經明確決定好意圖。

1. 淨化水晶並且為它補充能量。

2. 在你的神聖空間或者聖壇上點燃蠟燭，深呼吸幾次，讓自己沉靜下來，集中注意力。

3. 把水晶握在手中。覺察到它的光環、振動或者能量場。要留意到你正和水晶處於同一個能量場——請感受它散發出的活躍生命力。

4. 大聲說出你的意圖，或者輕輕告訴水晶，有些人覺得一遍遍念誦意圖對提高能量很有幫助。你可以用一句話說明水晶的用途，例如：「我允許你為我注入勇氣」或是「我允許你創造出平和的環境」。

5. 觀想你的目標，想像它已經實現的樣子。不要把時間花在擔憂目標會如何實現上，而是要相信神靈會用最正向的方式為你顯化願望，同時完全按照你想要的樣子來想像結果。這種有著明確目標的觀想是開啟法術和賦予水晶力量的過程中，最重要的一部分。要盡情讓自己在腦海中體驗願望實現的感覺。

6. 觀想你的目標、你心中的願景和你感受到的情緒，全都放在面前那個光環形成的泡泡裡。觀想這個充滿強大意圖的泡泡落在水晶上，然後完全填滿它。

7. 這時你的水晶已經獲得指令，或者說被賦予了力量，它可以開始吸引你所觀想的事物了。

8. 隨身攜帶水晶，或者在魔法操作中用你想要的方式使用它。每次你看到或者觸摸水晶的時候，都會感受到意圖的力量。

為水晶淨化、補充能量並賦予力量之後，你就擁有了一個強大的盟友。水晶振動的頻率和整個自然界以及整個宇宙的頻率相同，而它現在已經充滿了你的意圖和願景。這時水晶就在向宇宙發出訊號，讓宇宙來承載你的目標。每次你用上述任一方法為水晶補充能量的時候，都會增強你投入其中的能量和意圖。

第二章

使用水晶

在你開啟對水晶魔法的探索以後,我們就要深入研究把水晶融入法術、儀式和占卜的多種方式了。水晶的外觀會影響它的用途,也會影響你使用它的方式——既有可能是聖壇裝飾品,也有可能是塔羅牌的護身符,或者是水晶陣的一部分。

不同的特質可以滿足不同需求

挑選用於巫術的水晶時，除了考慮你是否在視覺上或直覺上被水晶吸引之外，還有一些因素需要考慮。形狀、大小和顏色都會對水晶發揮作用。這些因素具有通用的涵義，但也可能在心理上與你產生連結，影響到你和水晶互動時的心理關係。

大小尺寸

對於水晶來說，只要你的意圖足夠強大，大小並不重要。一小粒孔雀石可以像大顆水晶一樣包含強大的衝擊力。水晶大小其實更取決於你的個人偏好和水晶的實用情況。有時你會想要在重要的地方，例如聖壇這樣的位置，放上較大顆的水晶作為持續的能量來源；有時你則需要更小顆、更靈活也更便攜的寶石。

幸運的是，水晶有各種各樣的尺寸，小到鵝卵石那麼小，大到家具那麼大！能夠放在手掌中的水晶是個人使用的完美尺寸。你需要在巫術中把自己的能量和意圖與水晶融合在一起，而這樣的關係遠比水晶的大小更重要也更強大。

顏色

色彩的魔法常常是女巫在魔法之路上所學的第一件事。光譜中的每種顏色都有特定的能量，所以蠟燭和其他魔法工具的顏色在法術中非常重要。水晶的顏色能夠決定它的魔法特點，也能顯示出它會如何影響你的心理和靈性。

色彩相似的水晶和寶石常常有著相似的魔法特性。然而，就像

每種顏色都有無數色調一樣，每顆水晶的能量都不同。例如，苔蘚瑪瑙和東陵玉都呈綠色，綠色是代表成長和豐盛的顏色。然而，苔蘚瑪瑙更強調身體健康成長和毅力的增長，而東陵玉則與提高創造力和想像力有關。兩者因顏色相似，都是成長的象徵，然而成長的類型卻不同。

以下是各種顏色在巫術中的基本涵義；你可能會發現這能夠解釋你對某些水晶的偏愛。

紅色：激情、勇氣、性感、大膽、決心

粉色：愛、友情、情感連結、溫柔

橙色：成功、勝利、力量、能量

黃色：快樂、溫暖、獨立、創造力、自信

綠色：成長、豐盛、繁榮、生育、運氣

藍色：療癒、交流、傳訊、才智、同理心

紫色：通靈能力、神祕力量、直覺、普世真理、智慧

棕色：與動物的連結、舒適、家、身體的休息

黑色：保護、接地、防衛、內省

白色：療癒、靈性、連結高我或靈性世界

透明：頭腦、身體和精神的清晰、淨化、願景、增強意圖

灰色：和平、平靜、讓混亂的能量安定

形狀

水晶的形狀會影響水晶本身的振動，也會影響你與它連結的方式。例如，光滑的心形水晶會比粗糙、參差不齊的寶石碎片更能喚起多種不同情緒。水晶的形狀也會影響到你的魔法操作。

尖頭水晶柱：自然形成尖端的水晶能用
來引導能量遠離或者指向某物。例如想
要增強護身符的力量，可以在為它賦予
力量的儀式裡用白水晶柱的尖端指向它；想要增強法術的力
量，則可以將尖端朝向外部，把能量發送給外部世界。尖端有
時是自然形成的，有時是手工雕刻的；兩者都可以達到相同的
目的。

水晶簇：許多水晶成簇生長，看起來像是許多尖
頭水晶結合在一起形成一簇尖峰。這種天然的水
晶簇是強大的能量通道，它能夠藉由這些尖端把
能量發射給世界。

未經打磨的原始水晶：原始水晶處於自然狀態，因為它直接從
大地上被取下來，沒有經過拋光、瓦解和切割。原始水晶和
 人類的接觸最少，所以有些人認為它的振動最高；
然而，這只是一種個人意見。你要親自體會才能知
道它是否適合你。

忘憂石：這些水晶被切割成小而光滑的盤狀橢
圓形，非常適合用手指摩擦。忘憂石的目的是
緩解效率，以及吸收和穩定混亂的能量。

雙頭水晶：水晶的兩個尖端能夠一次把能量傳送到
兩個方向，非常適合用於保持平衡和心緒平靜
的法術。

心型水晶：光滑的心型水晶由於種種原因一直非常受歡迎，它可以用來增強各種關於愛的法術，無論是浪漫的愛情、家人的愛、朋友的愛或是自我關愛；隨身攜帶心型水晶可以治癒心碎。

球狀水晶：水晶球經常用於占卜。這樣的水晶球通常用白水晶或者其他半透明水晶製成，但也可以用黑曜石或者赤鐵礦這種顏色閃亮的深色水晶製作。水晶球是萬物相互關聯的象徵，是生命、死亡和重生的無限循環。水晶球的圓形外觀能保證它發出的能量均勻分布。

水晶柱：水晶柱有多種尺寸和風格。水晶被切割成又長又直的形狀就稱為水晶柱，柱的末端可能是尖形也可能是圓形，兩種都可以在魔法操作中引導能量。錐形的水晶柱是為了蒐集水晶的能量然後像雷射一樣向外投射；末端為圓形的水晶柱則可以用來在健康魔法中療癒身體。

橢圓形水晶：橢圓形水晶經過切割，成為適合放在手掌中的大小，適合冥想的時候使用。根據水晶的特性，你可以把它握在手心進行能量接地和放鬆，讓自己頭腦清晰，或是增加自己的能量等等。

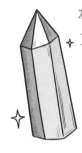

金字塔：金字塔的形狀出現在世界各地的靈性系統中。據信金字塔是藉由最高點來利用靈性力量，再把靈性力量轉化成世俗領域的物質形式。當

水晶被切割成金字塔的形狀時，它的魔法特質會增強。

蛋形水晶：蛋形水晶象徵著生育、新開始、潛力和重生。把蛋的形狀和水晶相結合，代表了人生中特定領域的新開始。

水晶頭骨：水晶頭骨通常用於帶來保護，因為頭骨是常見的警告標識。水晶頭骨還能用於招魂術和連結死者，它能作為溝通物質世界和靈性世界的渠道。

水晶方塊：方形屬於穩定的形狀。水晶方塊能讓魔法的意圖變得牢靠穩定，因此能保護好意圖所包含的能量。

使用水晶

女巫讓水晶夥伴融入魔法操作、法術和儀式的方法有很多。以下是一些常見的作法，在這本書的第二部分我還會詳細討論。

佩戴水晶

女巫佩戴水晶不僅僅是為了美觀。水晶項鍊、手鐲和戒指其實是首飾形狀的魔法護身符。但其實任何形式都可以作為護身符。水晶可以雕刻成手鐲、串成珠子，甚至嵌入金屬中──一切都是為了讓水晶更容易佩戴。

項鍊：把水晶或者一小袋寶石戴在脖子上，就可以吸引各種各樣的事物來到你的生活中。項鍊掛在身上的位置很重要，你可以改變鏈繩的長度來調整。在心臟處佩戴水晶項鍊，就會對涉及情感、愛和感激的法術有幫助。作為頸鍊戴在喉嚨處的水晶，適合使用在關於溝通和自我表達的法術中。你也可以用很長的鏈繩把水晶戴在太陽神經叢（肚臍）的位置，這樣水晶會為你帶來內在力量和個人能量。

戒指：把水晶戒指戴在常用手（寫字用的手）的食指是一種向外引導能量的方式。如果要吸引能量的話，請把戒指戴在代表接收的那隻手上（不用來寫字的那隻手）。如果你想要獲得療癒能量，可以把療癒水晶戴在手指上。同樣的道理也適用於創造善良能量、愛的能量和保護能量。請根據你希望發送或接收的內容選擇佩戴的水晶戒指。

手鍊：把手鍊戴在常用手的手腕上可以把能量發送出去，戴在不常用的手腕上則可以吸引能量。

耳環：在尋求引導和啟迪的時候，可以佩戴合適的水晶作為耳環，讓水晶幫助你接收訊息、神蹟和來自直覺的引導。

腳鍊：戴上特定水晶製成的腳鍊，象徵著它能引導你的雙腳走向你想要的生活。

聖壇水晶

女巫的聖壇是用來放置神聖而有意義的物品,它常常反映出女巫正在經歷的事或是正在進行的魔法工作。出於這樣的原因,你常常會在聖壇上看到水晶。

挑選放置在聖壇上的水晶時,要記得你會經常看到它,還會時常和它互動。對於部分女巫來說,水晶的美觀非常重要,因此她們通常會為這個重要的位置選擇更大顆更鮮艷的水晶。但是要記住,小顆水晶也同樣擁有魔力。

許多女巫會在聖壇的四個基本方向放置代表土元素、風元素、火元素和水元素的物品,以及代表第五元素「靈性」的對應物。以下是與這些元素相關的物品和在聖壇上用水晶代表元素的建議。

- 北方掌管土元素。土元素代表穩定、財富、安全、保護、成長和健康。和土元素相匹配的水晶有木化石、綠簾花崗石、綠色或褐色碧玉,還有瑪瑙。

- 東方掌管風元素。風元素代表交流、才智、旅行,還有傳送訊息。和風元素相匹配的水晶有東陵玉、蛋白石,還有蘇打石。

- 南方掌管火元素。火元素代表熱情、轉化、改變以及力量。和火元素相匹配的水晶有紅寶石、石榴石、紅玉髓,還有太陽石。

- 西方掌管水元素。水元素代表情緒、直覺、通靈能力,還有淨化。和水元素相匹配的水晶有海藍寶石、月光石,還有青金石。

- 靈性並沒有代表的方向，它有時會位於聖壇中心，在代表榮譽的位置占有一席之地。靈性代表生命的循環、魔法能量、無形的力量、逝者的靈魂，還有命運。和靈性相匹配的水晶有透石膏、白水晶，還有白紋石。

水晶用具

　　許多用於巫術的工具都能以水晶製成，或者有水晶融入其中。水晶能夠增強女巫工具的力量，為神聖物品增加美感，還能把需要的能量吸引到魔法物品中。

　　魔杖：魔杖用來引導能量，用木頭或者金屬製成，有時尖端會用尖頭水晶柱製成，這樣能夠更好地匯聚能量；有些魔杖則會把帶有各種魔法特性的水晶鑲嵌在其中。

　　巫刃：巫刃是傳統的儀式用刀，有時會用水晶或者黑曜石雕刻而成。雖然這樣的雙刃儀式刀並不會用來切割物質世界的任何東西，而且通常很鈍，但它在儀式中可以用來創造屏障、引導能量還有切斷能量連結。巫刃代表了自然界中積極活躍的一端，例如成長、勝利、動態變化和做出行動等。

　　聖杯：聖杯是儀式時用來祭祀的高腳杯，只在巫術儀式中使用，其中鑲嵌的水晶和寶石讓它成為神聖的容器，從而與日常使用的酒杯區分開來。聖杯代表了自然界樂於接收的部分，包括我們的內心世界、通靈能力、創造力和思想。

占卜鏡：占卜鏡是預測工具，有時會用黑曜石製成。你可以像凝視水晶球一樣凝視黑曜石鏡，從中接收圖像和訊息來回答問題。

靈擺：靈擺是掛在鏈子或者繩子上的小物品，用於占卜和尋水術。水晶帶有電磁能量，所以非常適合做成靈擺。

護身符：護身符是女巫隨身攜帶的魔法物品，它被賦予了帶來保護或者吸引財富這樣的特定能力。水晶非常適合製作護身符，因為水晶有不同的魔法特性，能夠儲存能量，還能為了便於攜帶而輕鬆製成首飾。

香囊：魔法香囊是將草藥和植物蒐集起來放在一小塊布裡然後繫緊製成，其中也能加入小顆水晶或者水晶碎片。女巫通常把它放在家裡或者隨身攜帶，可以用來吸引或驅除某些事物，例如吸引友情，或者驅除流言蜚語。

精油和魔藥：女巫有時會混合精油或者用水煮製草藥，做出法術需要的佳釀魔藥。精油和魔藥也可以加入洗澡水中（如果其中成分沒有毒性），用來淨化儀式物品，或者塗抹在身上以吸引特定的能量。水晶常常被添加到這些魔藥中，用來增強它的魔力。

水晶陣

把水晶和寶石用特定的圖案排列，再賦予明確的意圖，就能做成水晶陣。集合起來的水晶加上水晶陣圖案同時增強了兩者的力量，因此能夠共同顯化目標。水晶陣的形狀通常以自然界和宇宙中反覆出現的圖案為基礎——它被稱為神聖幾何學。

水晶陣對女巫非常有用，因為它讓我們把水晶的力量和擁有強大能量的古老形狀與圖案結合在一起。由於神聖幾何學中的圖案大多都非常複雜，所以你可能會想從玄學用品店購買印出來的水晶陣，或者是從網路上打印下來。在第二部分我們會介紹一些水晶陣的示例。

你的水晶陣應該由互補的水晶組成。你可以把水晶陣上的水晶想像成一個團隊，每個水晶都能為魔法帶來獨特的力量，並朝著共同的目標努力。通常，水晶陣包括主水晶、錨定水晶還有願望水晶。主水晶包含了你的意圖，能吸收靈性能量到水晶內部。圍繞主水晶的寶石稱為錨定水晶，能加強主水晶的能量。女巫通常會選擇有尖端的水晶柱作為錨定水晶，以此傳導能量。最外圈的叫作願望水晶。魔法陣中的水晶要根據水晶的魔法特性和要顯化的願望來選擇。錨定水晶和願望水晶的數量也取決於水晶陣的形狀。請確保把水晶陣設置在不會被人或動物打擾的地方。它可以小到足以放在你的床頭櫃上，也可以有你的房間那麼大。請一定要使用經過淨化並且補充過能量的水晶。製作水晶陣的時候，要專注在你的意圖上，才能為水晶賦予力量。

水晶陣幾何形狀的線條可以從主水晶傳導能量，經過錨定水晶，然後從願望水晶發送出去——反之亦然，它的運作方式取決於你想要實現的目標是怎樣。當你的意圖沿著神聖幾何形狀的線條流動，穿過水晶傳入宇宙時，它就能夠獲得能量。請依以下步驟準備你的水晶陣：

1. 把主水晶放在水晶陣的中心。向水晶低聲說出你的意圖，或者把意圖寫在紙條上，放在水晶下面。

2. 把錨定水晶放在矩陣網格的相交線上。

3. 把你的願望水晶放在水晶陣的外緣。

4. 用白水晶柱、水晶魔杖或者巫刃，沿著神聖幾何形狀的線條描畫，從一顆水晶到另一顆水晶，直到描畫到水晶陣的中心。這樣可以把水晶的能量連結起來，並與宇宙神聖幾何學融合在一起。如此一來，你的水晶陣就得到了激活，大功告成！

水晶陣可以用來吸引愛情、安全感還有幸福和諧的事物，也可以用來提供保護、淨化空間，或者把能量固定在一個區域。每當你看到自己的水晶陣時，它都能加強你的意圖，因為它會讓你想起你的目標。你可能會感受到它所帶來的能量上的推拉或者牽引力。

儀式和咒語

女巫毫不費力就能在法術和儀式中加入水晶；因為只有這些神奇的寶石才能帶來這種額外的能量推動。當你觸摸水晶的時候，它可以喚起強大的感受和能量，也能增強你和法術或者魔法操作的融

合。女巫可以根據她們所操作的法術來選擇特定的水晶作為首飾或者裝飾聖壇：財富水晶可以用於吸引成功的魔法，保護水晶可以用於驅逐負面能量，增強通靈能力的水晶可用於占卜等等。在法術和儀式中加入喜歡的水晶，就像邀請一位與你有共同願景的老朋友一起工作。你的水晶非常了解你，就像你很了解它一樣。

在選擇用於法術和儀式的水晶時，請確保你已經淨化水晶，為它補充能量，並且用意圖賦予它力量。同時也要查閱相關的參考指南（包括這本書），選擇能與你的目標產生共鳴的水晶，而且要用第一章中介紹的方法，事先花時間與水晶建立連結。

如果你還想替水晶增加額外的力量，可以試著在魔法操作的前一天，把水晶放在枕頭下睡覺，或者只是一整天隨身帶著，偶爾觸摸它。水晶會吸收你的思想和願望，這樣你的儀式就會因此變得更加強大。

儀式和慶典

女巫全年會舉行八次慶祝活動。這些慶典有時被叫作夜半集會（Sabbats），都是在地球繞太陽運行的重要時刻舉行，標誌著季節的變化和自然的循環。慶典會在一年之中八個特別的日期舉行，這些日子統稱為「四季之輪」。四季之輪表明了出生、生活、收穫、死亡和重生的無盡循環。把四季之輪和自然的節奏結合起來，可以增強你的魔法工作，也能為你的生活帶來平衡。

你可以選擇在這些日子把水晶放在戶外，吸收這些特別日子中的太陽、月亮和地球能量，之後隨身攜帶這顆水晶。這樣做能夠幫

助你把這些重要的季節變化融入你的內在，並且讓水晶反映在你的內在世界和外部生活中。以下列出的女巫慶典時間只是近似日期；每年的具體時間可能存在一兩天的變化。確切日期可以在大多數日曆或者農民曆裡找到。

薩溫節／立冬，10月31日：這天慶祝結束和重生。薩溫節的目的是迎接充滿黑暗的月分，尊重死亡和成長的關係。在這個夜晚，許多女巫會連結她們逝去親人的靈魂並祭拜他們。這天晚上適合為能夠代表結束、驅逐和淨化的水晶在戶外補充能量，例如黑曜石、方解石還有孔雀石。

尤爾節／冬至，12月21日：這天是一年中夜晚最長的一天，之後太陽就會回歸。尤爾節代表了力量、歡樂和家人。在這天可以把代表健康、愉快和力量的水晶拿出來，讓它幫助你渡過一年中最寒冷、最適合休眠的一天。這樣的水晶有綠碧璽、紅玉髓還有黃水晶。

聖燭節／立春，2月1日：聖燭節慶祝光與火。它標誌著一天之中白晝將會逐漸延長，也提醒我們溫暖的日子即將到來。適合聖燭節的水晶能夠代表未來幾個月的希望、夢想、心願和目標，這樣的水晶有藍水晶、火瑪瑙還有彩虹碧璽。

奧斯特拉／春分，3月21日：這是春天的第一天，在這天花草衝破泥土長出來，大地重新恢復了生機。拉長石、瑪瑙及鋰雲母適合在這天補充能量，為新的開始、新想法和計畫的誕生，還有開啟新事業做準備。

精靈節／五朔節，5月1日：這天會慶祝富足和增長。在這天適合補充能量的水晶與慾望、生產力、成長、浪漫及結合有關。適合用在五朔節的水晶有石榴石、天然磁石還有紅紋石。

仲夏節／夏至，6月21日：夏至標誌著一年中白晝最長的一天，這天是為了慶祝豐富溫暖而有活力的太陽能量，適合用在這天的水晶有太陽石、菊花石和拓帕石，它們可以幫助你利用夏至的豐盛、滿足和溫暖能量。

收穫節／立秋，8月1日：這是一年中的第一次豐收慶祝，這個時候的穀物已經要成熟了。我們會在這天回顧過去幾個月的收穫，所以這是適合感恩和反思的節日。綠簾花崗石、褐色碧玉還有紅寶石適合在這天補充能量，它們能幫助你增加感恩和樂觀情緒。

馬布節／秋分日，9月21日：秋分日標誌著最後的豐收，也意味著暗夜季節即將到來。在這天白晝和黑夜的時間一樣長；這天之後，黑夜就會一天比一天長。這個節日適合表達感激、評估你所擁有的一切，還有迎接冬天帶來的轉變。適合在這天補充能量的水晶應該代表結束、目標達成還有成功。例如黃鐵礦、虎眼石和女巫石。

如果你不會特別慶祝四季之輪，更喜歡比較日常的作法，你也可以在其他對你來說比較特別的日子使用水晶魔法，例如你的生日、紀念日、日蝕和月蝕、流星雨，或者其他天體事件。

水晶的其他用法

把水晶融入巫術實踐的方法不受任何限制，完全取決於你的創造力。有些女巫會攜帶許多水晶，以至於她們快被壓得喘不過氣來；有些女巫則一次只使用一顆水晶。以下是女巫把水晶融入魔法的不同方式。

月亮魔法：滿月不是唯一你能給水晶補充能量的時間。月相是女巫生活中的重要元素。盈凸月是適合使用增長和吸引力魔法的時期；滿月能夠帶來啟迪和強大的力量；虧凸月適合清除負面能量；而暗月和新月時期則適合自省和轉變。在各種月相期間，都可以把水晶放在戶外，讓水晶充滿月亮的能量。你也可以利用新月的能量來為占卜水晶補充能量，在盈凸月期間為代表繁榮和生育的水晶補充能量，在滿月期間為代表愛和個人力量的水晶補充能量，或用虧凸月驅除不需要的能量。

占卜：有些水晶會和通靈能力有特別的連結，例如紫水晶、透石膏還有月光石。你可以把這類水晶放在占卜工具附近，來增強占卜的準確度和力量。

星座：大多數人都知道誕生石，也就是生日的每個月分都與某種水晶相關聯。每個星座也都和特定的水晶有關，而且不只一顆。與星座相連結的水晶是由星座的性格特點、優勢和劣勢、掌管星座的行星，還有星座所屬的元素所決定的。隨身攜帶這樣的水晶能為你體現更多所屬星座的正面特點，也能緩和那些不怎麼好的特質。你可以在以下表單中找到各星座對應的水晶，選出你喜歡的，並試著帶在身上看你的感受會是如何。

牡羊座：血石、紅玉髓和紅碧玉能讓你的勇氣和活力變得完美，同時也能讓你急躁的性情穩定下來。

金牛座：翡翠、孔雀石和玉石能提升你穩定而忠誠的一面，同時也能幫助你迎接新的冒險，這樣你就不會陷入困境。

雙子座：瑪瑙、拉長石和蛋白石能加強你善於社交的方面和惹人喜愛的特點，同時也能幫你避開猶豫不決和輕浮的一面。

巨蟹座：月光石、乳白水晶和透石膏能加強你的深刻感受，幫你滋養自我，同時對抗悲觀情緒。

獅子座：縞瑪瑙、黃鐵礦和太陽石能夠凸顯你的慷慨和勇氣，同時也能平衡你的自我和驕傲。

處女座：砂金石、天河石還有橄欖石能體現你的聰明才智，同時也能抑制你的控制欲。

天秤座：紫水晶、青金石和碧璽能與你的人格魅力還有平和態度相得益彰，同時幫你抵消想要不斷取悅所有人的需要。

天蠍座：石榴石、赤鐵礦和粉水晶與你的熱情和決心非常適配，同時也能幫你迎接更柔和的能量來平息復仇和易著迷的傾向。

射手座：水光水晶、白水晶和霰石能讓你獨立又充滿哲學的天性變得完美，同時幫你避免不得體的言行。

摩羯座：黑煤玉、煙水晶和虎眼石能提升你的野心，讓你變得足智多謀，同時緩和你頑固的一面。

水瓶座：天青石、蘇打石和綠松石能加強你的創造力和視野，同時讓你不至於疏忽自己的情緒。

雙魚座：海藍寶石、螢石還有紫鋰輝石能夠幫你保持同理心和直覺，同時幫你克服逃避現實的行為。

塔羅牌：許多塔羅占卜師都會在使用塔羅牌的過程中用到水晶。水晶可以淨化牌卡，增強牌卡的能量，為牌卡賦予力量。如果你經歷了費力的占卜或者遇到了心緒混亂的客戶，那麼牌卡就會需要淨化。可以把煙水晶在牌卡上放置一夜，讓混亂的能量平靜下來。如果想要加強牌卡的通靈能力，請把補充好能量的藍晶石和牌卡放在一起。使用牌卡占卜的時候，可以把白水晶柱放在身邊，這樣牌卡傳達的訊息就會變得清晰，也會讓你的解讀更加準確。

供品：女巫和我們的祖先還有已經去世進入靈性世界的親人有著密切的聯繫。花時間為他們選擇適合的水晶是一種供奉方式，也能表達尊重，傳達愛意。你可以把為逝者選擇的水晶放在墓地或者聖壇上，並且附上此人的照片，作為供品。

破碎和丟失的水晶

發現陪伴你多年且是你最愛的水晶夥伴破碎或者丟失，大概是最令人難過的事了。在最壞的情況下，這感覺就像是不祥之兆，而好一點的情況下，你還是會覺得失去了一件重要的物品。當水晶丟失或損壞的時候，它確實在傳達某個訊息——但不一定是負面訊息。

如果你發現水晶碎掉，在讀取訊息時，有許多因素需要考慮。當它破碎時你有什麼樣的感覺？你當時正在和別人談話還是在思索你遇到的問題？破碎的水晶就像一記警鐘：要關注當時你周邊發生的事情，因為這對你的人生道路很重要。水晶破碎的另一個原因就是它的任務已經完成，與你的合作結束了，它也準備好要返回大地去了。這種情況會發生在吸收大量能量後斷裂的水晶上。

　　如果水晶在你進行法術的過程中碎掉的話，破碎可能意味著魔法的釋放。這樣的話就隨它去，讓顯化自然發生。並且要記住，有時破碎的水晶就僅僅是意外而已。不要驚慌。帶著謙恭的態度把它埋進土裡，然後去做別的事就好。

　　如果你長久使用的水晶出現了裂縫但仍然完整，這就表明你要為改變做好準備。例如，如果它是吸引愛情的水晶，就可能意味著某個特別的人即將要出現了。

　　丟失水晶一樣令人痛苦，但它背後的訊息則更加直接。它只是意味著這塊水晶現在要去別的地方了，那些注定要擁有它的人最終會找到它。其實，丟失的水晶並沒有真正丟失；它只是去到了它應該去的地方。

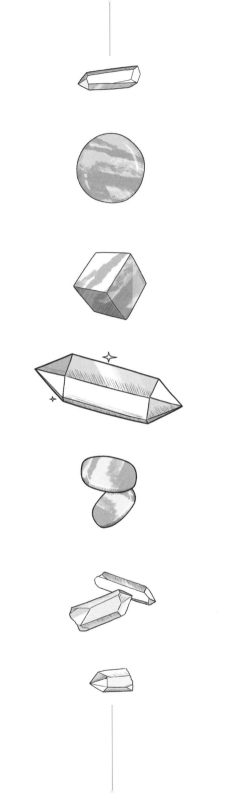

第三章

水晶夥伴
30 種水晶簡介

瑪瑙 AGATE

瑪瑙的種類繁多,所有的瑪瑙都與大地、接地和穩定有關。瑪瑙可以在你的巫術實踐和陰影工作中帶來保護和平衡。(關於黑瑪瑙、藍紋瑪瑙、火瑪瑙和苔蘚瑪瑙的部分,在第76頁的〈100種額外水晶〉中會詳細介紹。)

原產地:波札那、巴西、印度、墨西哥、美國

顏色:黑色、藍色、棕色、綠色、橙色、粉色、紅色、白色

相關能量中心:海底輪

適合共用的水晶:紫黃晶、賽黃晶

魔法力量:瑪瑙可以保護兒童和嬰兒。瑪瑙的能量充滿現實主義和實用主義,可以幫助你塑造新的性格,促進成長,從而用這樣的方式為你解決日常生活中的困難狀況。

使用建議:在兒童房中放置瑪瑙可以保護他們免受恐懼和惡夢的驚擾。瑪瑙能促進成長,所以適合放在花園或者特定的植物和樹木附近。佩戴瑪瑙戒指可以提高工作和學習效率,防止分心。

小提示:在兒童外套的下擺縫上光滑的瑪瑙能夠在他們四周形成能量保護罩。

琥珀 AMBER

琥珀來自常綠樹木,是已經硬化並且變成化石的樹脂。它可能需要數千年才能形成,有時裡面還嵌入了古老的植物或者昆蟲。琥珀含有古老的樹木能量,也被稱作樹木的固態「血液」。

原產地:波羅的海、加拿大、義大利、波蘭、俄羅斯、美國

顏色:從深橘色到淺黃色

相關能量中心:腹輪、臍輪

適合共用的水晶:黑煤玉、木化石、綠簾花崗石

魔法力量:琥珀能夠全方位加強法術,對熱愛樹木的女巫來說是神聖的寶石。它的用途眾多,能吸引保護、愛、成功和金錢。因為它非常古老,所以它也有助於連結祖先。

使用建議:佩戴琥珀能增強女巫的魔力。可以專為法術和儀式準備一個琥珀首飾,這樣既可以增加琥珀本身的能量,也能為你增加力量。

小提示:琥珀由樹脂形成,所以不能用鹽淨化。含有昆蟲或者植物的琥珀會值更多錢,但不管裡面有沒有其他物質,它的魔法能力都是相同的。

紫水晶 AMETHST

千百年來，紫水晶一直是寶石界最眾所周知的寵兒。這是非常具有靈性的水晶，許多女巫的聖壇和首飾中都有紫水晶。

原產地：阿根廷、玻利維亞、巴西、加拿大、馬達加斯加、墨西哥、美國、尚比亞

顏色：從淺紫色到深紫色

相關能量中心：頂輪、三眼輪

適合共用的水晶：紫黃晶、黃水晶、月光石

魔法力量：紫水晶的能量與驕傲和冷靜有關，它能為身心靈帶來平靜。人們認為紫水晶能夠與靈性和看不見的世界建立清晰的連結。

使用建議：紫水晶可以幫你克服壞習慣。如果你想要改變自己行為中的惡性循環，可以為紫水晶賦予意圖，然後隨身攜帶它。它會在這個轉變期間引導你的精神。

小提示：紫水晶能提高通靈能力。把紫水晶和塔羅牌或者其他占卜工具放在一起會非常有幫助。顏色較深的紫水晶在陽光下直射可能會褪色。

海藍寶石 AQUAMARINE

淺色的海藍寶石代表海洋和水之女神。過去水手會隨身攜帶海藍寶石，來防止溺水，保護自己不受負面靈體的接觸，以及避免陷入危險之中。

原產地：巴西、肯亞、巴基斯坦、美國、尚比亞

顏色：帶些淺綠的藍色

相關能量中心：喉輪

適合共用的水晶：雲母、月光石、太陽石

魔法力量：可以用海藍寶石按摩身體，淨化清潔你的能量場。它能為身心帶來平靜，可以用在需要為情感帶來清晰思維的法術裡。

使用建議：乘坐飛機或者船隻經過水域的時候，可以佩戴海藍寶石以帶來保護。把海藍寶石放在水中製成聖水，喝下去就可以淨化氣場。在喝之前別忘記取出水晶。

小提示：海藍寶石暴露在強光下會褪色，所以請避免用陽光直射的方法為它補充能量或者淨化。

東陵玉石 AVENTURINE

　　東陵玉石中有其他礦物質留下的斑點，這為它帶來了閃爍的神祕感。它能為你帶來深刻的洞察力和想像力，並引導你走向新的人生之路。東陵玉石能夠緩解情緒上的痛苦，也能治癒心碎。

原產地：奧地利、巴西、中國、印度、俄羅斯、坦尚尼亞

顏色：淺藍色、淺綠色、桃紅色

相關能量中心：心輪

適合共用的水晶：雪花黑曜岩、鐵虎眼

魔法力量：東陵玉石可以用在增強心智、思維能力和洞察力的法術裡，它能為這樣的法術增加能量。當你感到身陷困境的時候，東陵玉石能夠幫助你抓住和利用機會。綠色東陵玉也很適合用在關於金錢、成功和物質收穫的法術中。

使用建議：把東陵玉石做成項鍊戴在心臟附近，可以幫助你治癒心碎。它也可以讓你敞開心扉，迎接新的機會，推動你繼續前進。

小提示：有些人會把東陵玉石貼在手機上來防止輻射。

綠柱石 BERYL

　　綠柱石是能帶來鎮靜的寶石，也適合用在占卜之中。把它帶在身上能夠為你增加勇氣、減輕壓力，在古時候它也用於求雨。

原產地：澳洲、巴西、俄羅斯、美國

顏色：藍色、金色、粉色

相關能量中心：頂輪、臍輪

適合共用的水晶：蛇紋岩、碧璽

魔法力量：綠柱石可以用來防止別人的操控和險惡用心，也可以用在阻斷流言蜚語的法術中。人們認為它能增強才能和智慧，同時還可以平息恐懼。

使用建議：可以在需要做出艱難決定的時候把綠柱石帶在身上。它能夠打開你的直覺，讓你接收來自神靈的傳訊。在浴缸或者淋浴間裡放一塊綠柱石具有淨化作用。

小提示：綠柱石和海之眾神有連結，可以把綠柱石放在聖壇上用來代表祂們。

方解石 CALCITE

　　方解石有各種各樣的顏色，可以用來為生活的各個領域帶來清潔、淨化和穩定。方解石能為冥想、禱告和連結神靈這樣的神祕體驗加強能量。

原產地：巴西、英國、冰島、美國

顏色：藍色、透明、綠色、橙色、粉色

相關能量中心：所有脈輪，尤其是頂輪

適合共用的水晶：所有水晶

魔法力量：方解石可以讓你遠距離為別人傳送能量。粉色方解石能帶來愛；藍色有助於療癒；綠色可以吸引成功；透明的方解石可以淨化人和物品。

使用建議：冥想的時候把方解石放在三眼輪（前額眉心處）上，能加強你對魔法能量的控制和引導的能力。

小提示：如果你在方解石中看到彩虹，它意味著你即將迎來新開始。不要把方解石浸入水和鹽裡。

紅玉髓 CARNELIAN

紅玉髓是代表成功、力量和活力的橙色寶石。它與火元素和太陽有連結，因此充滿了激情和決心的能量。

原產地：巴西、印度、美國、烏拉圭

顏色：橙色、紅色

相關能量中心：本我輪

適合共用的水晶：海藍寶石、綠柱石、超級七水晶

魔法力量：紅玉髓適合用在關於成功、自信和動力的法術裡。它能帶來靈感和能量的爆發，有時候也會用在性愛魔法中。

使用建議：把紅玉髓放在工作區域能幫你提高效率。如果想要克服無精打采的症狀，可以在冥想時把它放在肚臍下方的臍輪區域。隨身攜帶紅玉髓也能讓你給別人留下好印象。

小提示：給紅玉髓定期曬太陽能讓它保持強大的能量。

天青石 CELESTITE

　　天青石能為你帶來對宇宙的理解，也能讓你明白萬物相互關聯的理論。它能協助你進行靈魂投射，加深你的夢境。它也會培養你對自己魔法能力的信心。

原產地：英國、埃及、馬達加斯加、墨西哥

顏色：藍色、白色、黃色

相關能量中心：頂輪、三眼輪、喉輪

適合共用的水晶：藍紋瑪瑙、捷克隕石、透石膏

魔法力量：天青石能為你帶來預知夢。它能讓你的情緒冷靜下來，為分歧和爭吵帶來和諧，也能為你打開心扉，迎接高振動的能量，且有助於在儀式和法術中召喚神靈。

使用建議：天青石可以放在發生過爭吵的房間裡，為房間帶來淨化，恢復和平。你也可以在聖壇上放一塊天青石來代表靈性或神靈。

小提示：天青石在日光下照射時間太長就會褪色，遇水則會受損。

玉髓 CHALCEDONY

　　玉髓是能帶來滋養和愛的寶石,它能激發你心中的仁慈、慷慨和關懷情緒。它的能量與母子之間的連結相關,據說有助於泌乳。它也是適合療癒師和共感人使用的水晶。

原產地:奧地利、巴西、英國、墨西哥、摩洛哥、美國

顏色:藍色、灰色、粉色、白色

相關能量中心:頂輪、本我輪

適合共用的水晶:霰石、燧石

魔法力量:玉髓能防止恐懼情緒,也可以用來抵禦惡夢、抵擋靈性攻擊和詛咒。人們認為它能夠驅散不健康的幻想,帶來保護,防止你被他人侵入性的想法和感受影響。

使用建議:可以把玉髓放在床邊來防止惡夢。隨身攜帶玉髓能幫助你克服憤怒和對抗情緒,你也可以把它送給你認為需要它的人。

小提示:與痛苦和苦惱的人相處時,玉髓能為你帶來平靜和關懷的能量。

黃水晶 CITRINE

令人愉悅的黃水晶濃縮了太陽的能量：它能帶來歡樂、溫暖、豐盛和親密連結。它為周圍的一切注入活力，幫你增強顯化目標的能量。

原產地：巴西、馬達加斯加、俄羅斯、美國

顏色：棕色、半透明的黃色

相關能量中心：臍輪

適合共用的水晶：紫水晶、紫黃晶、拓帕石

魔法力量：黃水晶帶有強大的顯化力量，可以使用在具有顯化目的的水晶陣和法術中。它與繁榮、商業成功和事業機會有連結。隨身攜帶黃水晶能激發你提出創造性的想法。

使用建議：黃水晶適合放在需要積極交流的地方，例如會議室或者家庭休息室。黃水晶也能為你帶來面對變化和新境遇時的勇氣，尤其適合在工作場所使用。

小提示：有時人們會把紫水晶加熱處理使其變黃，然後當成黃水晶出售。天然黃水晶是上下顏色一致的蜂蜜色，而假黃水晶底部為白色，頂部為深黃色。如果黃水晶在陽光下直射太久，可能會褪色。

螢石 FLUORITE

　　螢石能調整你的身心靈，為你帶來平衡和完整的感覺。它能讓你精神集中，也能激發你的智慧。（關於藍色、透明、綠色、紫色、彩虹色和黃色螢石的部分，在第76頁的「100種額外水晶」中會詳細介紹。）

原產地：巴西、英國、加拿大、中國、德國、美國

顏色：藍色、透明、綠色、紫色

相關能量中心：三眼輪、喉輪

適合共用的水晶：藍晶石、拉長石、青金石

魔法力量：螢石能為混亂的生活帶來秩序，也能控制激烈的情緒。它能幫你記下各種資訊，非常適合用在關於學習和考試的法術中。你也可以在魔法書周邊放一些螢石，讓它幫助你學習。

使用建議：把螢石放在手掌中可以平息壓力和擔憂，讓你的效率不受影響。需要聰明才智的時候佩戴螢石會對你有幫助。

小提示：螢石可以防止各種移動設備發出的有害電磁場。你可以把它放在手機和電腦旁邊。螢石在陽光直射下可能會褪色。

石榴石 GARNET

　　血紅色的石榴石是代表健康、性感和力量的寶石。它象徵著心臟、慾望、愛、激情和性慾。石榴石也是能帶來保護的寶石，它能完全保護你的氣場。

原產地：全球

顏色：深紅色

相關能量中心：心輪、底輪

適合共用的水晶：祖母綠、白紋石、紅寶石、雪晶

魔法力量：石榴石在愛情和吸引力的法術中很常見。它能保護你在戀愛關係中的承諾，或者引導你找到與你身體和精神都契合的完美伴侶。

使用建議：如果你在兩個戀愛對象之間猶豫不決，可以把石榴石戴在靠近心臟的部位，它會引導你走向最適合與你建立長期關係的人。

小提示：運動或者努力學習的時候，佩戴石榴石能夠延長你的精力。

黃鐵礦 IRON PYRITE

　　黃鐵礦有時被稱為愚人的黃金，因為它看起來和黃金非常相似，人們甚至常常認錯。黃鐵礦象徵金錢、繁榮、財富和物質食物。

原產地：英國、加拿大、義大利、美國

顏色：閃亮的金色

相關能量中心：臍輪

適合共用的水晶：赤鐵礦、水晶、虎眼石

魔法力量：黃鐵礦適合用在吸引金錢、帶來商業成功，還有為賭博增添運氣的法術中。黃鐵礦能夠為你創造出權威和自信的氣場，還能提高創造力。

使用建議：把一小塊黃鐵礦、薄荷葉還有一枚錢幣用一小塊布綁在一起，可以做成帶來幸運和繁榮的護身符。

小提示：天然黃鐵礦會自然生長成堅固的方形，這使得它更適合用來促進財務穩定。請記得不要把黃鐵礦放在水中。

玉石 JADE

　玉石在遠東地區是神聖的象徵，被當成代表繁榮、長壽、智慧和幸運的寶石聞名於世。它也能吸引善意和友情。

原產地：中國、中東、俄羅斯、美國

顏色：各種各樣的綠色、橙色、紫色、紅色、黃色

相關能量中心：心輪

適合共用的水晶：海紋石、葡萄石

魔法力量：玉石是象徵愛的禮物。把玉石佩戴在心臟的位置，能為你打開心中的愛和覺察力。有許多護身符、動物形狀的飾品和錢幣都用玉製成，可以吸引商業成功、金錢和健康。

使用建議：把玉製首飾戴在左手手指或者手臂上可以吸引成功的能量；戴在右手手指或手臂上可以為他人帶來慷慨。

小提示：玉的綠色愈深，價值就愈高。深綠色的半透明玉石被稱作帝王玉，是人們夢寐以求的寶石。

碧玉 JASPER

　　碧玉是能帶來健康和保護的寶石。它有多種顏色，每種顏色都有自己獨特的能量。碧玉非常堅固，充滿了保護和穩定的能量，能給人帶來圓滿和安全的感覺。（關於藍碧玉、褐色碧玉、綠碧玉、莫哥石、圖畫碧玉、紅碧玉和黃碧玉的部分，在第76頁的「100種額外水晶」中會詳細介紹。）

原產地：全球

顏色：黑色、藍色、褐色、綠色、紅色、黃色、花紋圖案

相關能量中心：海底輪

適合共用的水晶：天青石、鑽石、木化石

魔法力量：碧玉可以用在關於療癒、保護、自信和穩定的法術中。它的顏色多種多樣，因此用途也非常廣泛，可以為各種法術帶來力量和穩定性。

使用建議：碧玉能夠穩定你的想法和感受，讓你扎根於現實。隨身攜帶碧玉能讓你變得堅定自信。

小提示：可以把由碧玉製成的箭頭作為幸運符隨身攜帶。

黑煤玉 JET

　　黑煤玉是木材經過數百萬年石化形成的黑色物質。人們相信它能吸收所有接觸者的部分靈魂。黑煤玉有時還被稱作女巫的琥珀。

原產地：美國

顏色：黑色

相關能量中心：頂輪、海底輪

適合共用的水晶：琥珀、白水晶、木化石

魔法力量：黑煤玉具有強大的保護力量，能夠從人或者情景中吸取負面能量。黑煤玉經常因為這項特質而被用在有關驅逐負面能量和綁定的儀式中。

使用建議：把黑煤玉放在心臟處，同時觀想它正在抽離問題，可以幫助你清除負面能量。觀想之後，要用黑布把黑煤玉包起來埋在地下。

小提示：有時候黑色玻璃會被當作黑煤玉出售，但它並不是真品。真正的黑煤玉非常輕而且觸感溫暖，而仿製品則冰冷而沉重。

拉長石 LABARDORITE

拉長石是內部含有斑斕顏色的暗色寶石，在光照下顏色會發生變化，表面也會閃閃發光。它的能量代表神祕主義、玄學和魔法，是先知和女巫的神聖寶石。

原產地：澳洲、加拿大、芬蘭、馬達加斯加

顏色：斑斕的黑灰色

相關能量中心：三眼輪

適合共用的水晶：黑煤玉、蛋白石、孔雀銅礦

魔法力量：拉長石呈暗色，內部卻含有多種顏色，它就像是蘊含著生長所需一切的黑土地一樣。這塊寶石能讓你的神祕特質浮出水面，為你增加魔法能力。

使用建議：拉長石是女巫的終極寶石。在你的聖壇上放置拉長石，可以用來象徵巫術的力量，還能加強聖壇的能量。佩戴拉長石會讓你在學習魔法的過程中看到日常生活的魔力。

小提示：拉長石在水中會溶解，所以最好用月光、煙霧或者陽光來淨化。

青金石 LAPIS LAZULT

青金石是深藍色的寶石，表面上還鑲嵌有星星點點的黃鐵礦。這種寶石和靈性覺知有關，能夠幫你理解靈魂道路的意義。

原產地：阿富汗、中東、美國

顏色：藍色

相關能量中心：三眼輪、喉輪

適合共用的水晶：幻影水晶、紫碧璽

魔法力量：青金石可以增加通靈能力，加強與靈性世界的聯繫。它能用來逆轉邪惡魔法並且增加個人力量。

使用建議：佩戴青金石製成的耳環能夠讓你在探索魔法道路時收到來自神靈的訊息。它也能幫助你以真實態度面對自己和他人。

小提示：這種寶石非常柔軟且有很多氣孔，容易破碎裂開。請不要讓它接觸水和鹽。

孔雀石 MALACHITE

　　孔雀石帶有迷人的深綠色圖案。這樣的寶石帶有強烈的能量，它會帶來劇烈的變化、新開始和戲劇性的轉變。

原產地：俄羅斯、薩伊

顏色：綠色的圓環圖案

相關能量中心：心輪

適合共用的水晶：黑曜石、粉水晶、尖晶石

魔法力量：孔雀石常常用在給生活帶來巨大改變的法術裡。它可能會讓助你成長的風險和挑戰出現在你面前，打破不健康的關係，帶來必要的終結，並摧毀阻礙你前進的事物。

使用建議：如果你的孔雀石碎裂，有可能是負面能量即將來臨的警告。在這個時候你需要保護自己的能量。

小提示：孔雀石有毒性，所以不要用在聖水等藥劑中。它接觸水和鹽也會受損。

月光石 MOONSTONE

　　月光石因其月亮能量和與月亮女神的連結而深受女巫喜愛。許多女巫把這種水晶與月相結合來使用。

原產地：澳洲、巴西、印度、斯里蘭卡

顏色：奶油色、灰色、彩虹色、乳白色、粉色

相關能量中心：頂輪、本我輪、臍輪

適合共用的水晶：海藍寶石、石榴石、珍珠

魔法力量：月光石在法術中可以用來吸引長久的愛情並解決人際關係中的誤解。它能夠增加通靈力量，也能增強你與月球週期的密切關係；它也是代表感官享受的寶石。

使用建議：在冥想期間把月光石放在臍輪部位，有助於療癒情感創傷。孕婦隨身攜帶月光石會有益處。

小提示：不要用鹽淨化月光石。有些人會用玻璃人工合成五彩閃爍的蛋白石（Opalite），然後當作「彩虹月光石」出售，但它並沒有月光石的神奇力量。

黑曜石 OBSIDIAN

　　黑曜石就是黑色的火山玻璃，因熔岩撞擊冷水或冷空氣隨後凝固而形成。它很好地體現了毀滅和創造的關聯；它同時含有冰與火的能量。

原產地：任何有火山活動的地方

顏色：黑色、藍色、棕色、綠色

相關能量中心：海底輪

適合共用的水晶：白紋石、孔雀石

魔法力量：黑曜石水晶球或者拋光黑曜石做成的靈擺可以用來占卜和預測。黑曜石具有保護的能量，且非常簡單直接；隨身攜帶它可以讓你清楚地看到生活中需要改變的事情。

使用建議：佩戴黑曜石箭頭能幫你發現和克服挑戰。黑曜石非常適合用來製作巫刃。

小提示：古代的許多武器都是用黑曜石製成，所以黑曜石在保護法術中能發揮非常強大的力量。

縞瑪瑙 ONYX

　　據信縞瑪瑙內部含有惡魔或者邪惡力量，可以破壞人際關係；有些人則認為它是一種保護石。可以試著使用縞瑪瑙冥想，觀察它是如何與你產生共鳴的。

原產地：巴西、印度、南非、美國

顏色：黑色

相關能量中心：海底輪

適合共用的水晶：鑽石、薔薇輝石

魔法力量：縞瑪瑙在面對強敵或者遇到困難情況的時候會幫你增強個人力量。把它用在法術中可以保護你不受危險的困擾，也能逆轉組織。

使用建議：在你知道自己即將面對別人的惡意時，不管出於什麼原因，都可以把黑色縞瑪瑙放在口袋或者背包裡，它能夠保護你不受惡意的傷害。

小提示：人們認為縞瑪瑙能夠保留攜帶者的所有記憶。如果你要保守祕密，請不要讓任何人得到你的縞瑪瑙！

蛋白石 OPAL

蛋白石因為有色彩斑斕的閃光而蘊含著許多不同的力量，它的閃光也被稱作乳光。蛋白石會吸收能量然後把它送回源頭。

原產地：澳洲、巴西、加拿大、墨西哥、美國

顏色：黑色、棕色、綠色、紫色、紅色、白色、黃色

相關能量中心：心輪、臍輪

適合共用的水晶：拉長石、紅碧璽

魔法力量：蛋白石可以讓內在美浮出表面，也能幫你回憶前世。在法術中佩戴黑色蛋白石可以增加女巫的魔法力量。

使用建議：可以為蛋白石賦予隱形力量，並隨身攜帶它。你的肉體雖然不會因此消失，但你會變得不引人注意。

小提示：蛋白石接觸鹽會受損，在陽光直射下會褪色，所以請用其他水晶、煙燻或者曬月光來淨化它。

天然水晶 QUARTZ

　　天然水晶（石英）是地球上最著名也最豐富的礦物質之一。它不僅常見且蘊含著強大的力量，可以引導能量，放大你的意圖。（關於水光水晶、藍水晶、金髮晶、綠水晶、鋰水晶、幻影水晶、粉水晶、煙水晶和精靈水晶的部分，在第76頁的「100種額外水晶」中會詳細介紹。）

原產地：全球

顏色：藍色、透明、灰色、綠色、橘色、粉色、紫色

相關能量中心：頂輪

適合共用的水晶：所有其他水晶

魔法力量：幾乎任何意圖都能為白水晶賦予力量。它天然能夠和接觸者的能量相結合，所以適用於任何個人需求；它也能夠清除停滯的能量。

使用建議：把水晶柱放在聖壇上可以為你所有的儀式加強能量，也可以把水晶柱的尖端對準物體，為它注入額外的能量。

小提示：天然水晶能夠強化和它放在一起的人和寶石，所以特別適合用在水晶陣裡。天然白水晶也能作為任何水晶的完美替代品。

透石膏 SELENITE

　　透石膏的顏色是幽靈般的白色，它擁有睿智的靈性能量。透石膏的英文名來源於古希臘月亮女神塞勒涅（Selene）。

原產地：奧地利、英國、法國、墨西哥、俄羅斯、美國

顏色：棕色、綠色、白色，有時是橙色

相關能量中心：頂輪

適合共用的水晶：黑碧璽、棕色碧玉、藍晶石

魔法力量：透石膏能接觸到神靈和更高的意識，所以非常適合用來冥想。它也能夠清除你氣場中的消極能量。透石膏既可以用來淨化其他水晶，也能為它們補充能量。

使用建議：把透石膏握在手中，從頭到腳在身體上移動多次，就能吸引出你身上所有的多餘負面能量。

小提示：透石膏不適合接觸鹽和水。它很容易損壞，請小心存放。

太陽石 SUNSTONE

太陽石包含著太陽的力量，代表了積極能量、溫暖、成長和名望。它能夠吸引正向的注意力和勝利的態度。

原產地：加拿大、印度、挪威、美國

顏色：棕色、橙色、黃色

相關能量中心：本我輪、臍輪

適合共用的水晶：黃水晶、雲母、黃碧玉

魔法力量：太陽石可以創造出內在的火焰，來消除其他人在你身上施加的任何不必要力量，並幫助你擺脫束縛，讓你無所畏懼地展現真實的自我。這塊寶石充滿了自愛和自信的能量。

使用建議：把太陽石放在試圖阻礙你的人的照片上，它熾熱的光芒就會像耀眼的太陽光一樣，抹殺他們對你的影響，讓你找回自己的力量。

小提示：太陽石裡面有時含有閃亮的赤鐵礦顆粒，這是一種天然磁鐵，特別適合用在吸引力魔法。

虎眼石 TIGEREYE

　　虎眼石蘊含著大地和太陽的力量，因此可以用在許多魔法工作裡。它能把想法和行動結合起來，幫你顯化目標。

原產地：墨西哥、南非、美國

顏色：藍色、金棕色、紅色

相關能量中心：臍輪、三眼輪

適合共用的水晶：貓眼石、玉髓、拓帕石

魔法力量：虎眼石是代表正直、驕傲和力量的寶石。它的振動具有權威性，對有些人來說可能太過於強烈，這種情況下可以在旁邊放一塊互補的寶石，來緩和它的效果。

使用建議：可以為虎眼石賦予尋求真相的力量，然後在需要識破謊言的時候攜帶它，這樣就能以任何可能的形式戳破謊言；也可以在有關法律事務的魔法中使用虎眼石。

小提示：在臍輪附近佩戴虎眼石可以幫你增加信心；在喉輪附近佩戴虎眼石可以幫助你說出真相。

碧璽 TOURMALINE

碧璽擅長預測正確的行動路線,為儀式帶來保護,還能幫人了解他們內在最深處的自我。(關於黑碧璽、藍碧璽、棕碧璽、綠碧璽、粉碧璽、紫碧璽、彩虹碧璽、紅碧璽和西瓜碧璽的部分,在第76頁的「100種額外水晶」中會詳細介紹。)

原產地:巴西、馬達加斯加、納米比亞、奈及利亞、斯里蘭卡、坦尚尼亞、美國

顏色:黑色、藍色、棕色、粉色、紫色、紅色、黃色

相關能量中心:海底輪、喉輪

適合共用的水晶:鋰雲母、紫雲母、透石膏

魔法力量:碧璽能保護敏感和共感能力強的人不受別人情緒的困擾。它能在你的氣場和外部能量之間創造出一道屏障,保護你內心的寧靜。

使用建議:把黑色碧璽放在臥室的窗口,可以保護你不受外部負面能量的侵擾,也能保證安穩的睡眠。佩戴碧璽首飾還能為你帶來靈性保護。

小提示:碧璽有很多種顏色,你可以試著用不同顏色的碧璽冥想,這樣就能理解每種碧璽和你有什麼樣的連結。不要讓碧璽接觸到水。

綠松石 TURQUOISE

綠松石非常適合療癒，能帶來正向能量和繁榮，也能帶來充滿生命活力的能量。幾千年來，它一向被尊崇為療癒寶石和保護寶石。

原產地：阿富汗、中國、伊朗、墨西哥、美國

顏色：藍色、綠色、藍綠色

相關能量中心：喉輪、三眼輪

適合共用的水晶：大理石、太陽石

魔法力量：人們認為綠松石能吸收任何觸碰者的能量，也能幫助他們淨化不需要的能量。但據說如果吸收過多能量，它就會褪色或者破碎。綠松石也和環保意識相關，並且能加強你和大地還有四元素的連結。

使用建議：進行療癒儀式的時候，佩戴綠松石戒指可以加強你的能量。把綠松石放在身上任何感到疼痛或不適的部位，它能幫你吸收負面能量。

小提示：有時候白紋石會被染色然後當作綠松石出售。真正的綠松石也常常被染色，讓它看起來更明亮，但這並不會影響它的魔法力量。不要把綠松石浸在水裡或鹽裡，也不要讓它受到陽光的直射。

100種額外水晶

黑瑪瑙 Agate: Black

黑瑪瑙非常穩固，並且充滿保護能量，它能夠保護房子和家中的物品。可以把黑瑪瑙放在貴重的物品旁邊，或者和珠寶放在一起。需要在競爭中獲勝的時候隨身攜帶黑瑪瑙也會有幫助。

藍紋瑪瑙 Agate: Blue Lace

藍紋瑪瑙有溫和鎮靜的能量，可以用在關於善良、自我接受，還有從羞恥和評判中療癒的魔法裡面。它能幫人們說出自己的感受，還有助於減少憤怒。

火瑪瑙 Agate: Fire

火瑪瑙可以逆轉別人對你的惡意，在保護你的同時能把負面能量送回發送的地方。它也能為你內心的熱情和夢想指明方向。

苔蘚瑪瑙 Agate: Moss

苔蘚瑪瑙能夠促進各種各樣的成長，包括你的花園和家中植物的生長。它能夠幫你發現寶藏，還有用意想不到的方式吸引成功。

亞歷山大石 Alexandrite

人們認為亞歷山大石包含了曾經保存在古亞歷山大圖書館的所有隱祕資訊。它的雙色閃光能夠幫你從新角度看待事物。

天河石 Amazonite

天河石可以讓你說出真相，為自己辯護；可以促進創造力，讓你能自豪地分享想法。它也能幫助情緒受阻的人進行交流。

紫黃晶 Ametrine

在靈魂投射的時候把紫黃晶放在身邊能夠抵禦靈性攻擊，也能

防止負面能量接近。紫黃晶的能量能夠穩定你內心的平靜，這樣你就不會受到身邊混亂狀況的影響。

斑彩石 Ammolite Shell

斑彩石的螺旋形狀象徵著自然、生命和宇宙永無止境的循環，它能幫助你了解你在世界的位置，也能幫你接受塵世的無常。

天使石 Angelite

在學習關於星星、占星術和行星影響的時候，可以把天使石放在身邊。它能為人與人之間建立心靈感應；只要給別人一塊，你們就能遠距離傳遞心靈訊息。

阿帕奇之淚 Apache Tears

阿帕奇之淚是小顆的光滑黑曜石，也是一種火山玻璃。把這種寶石帶在身上，可以用來克服悲傷和失落情緒，特別是親人去世的失落。

磷灰石 Apatite

磷灰石能促進善良、慷慨、人道主義精神和普世之愛。它非常適合用在促進團隊合作的法術裡。磷灰石也能引起那些志願者和無私奉獻者的共鳴，因為他們把自己的時間奉獻給了重要的事業。

霰石 Aragonite

霰石能夠幫人釋放過去歷經的辛苦，讓他們得以迎接生命的新成長，也能增加勇氣。它可以幫助人有效地協調大地元素，保持對環境的覺知。霰石不能浸入水中。

藍銅礦 Azurite

　　藍銅礦能打破舊的思維模式。當你的周遭阻礙你進步時，藍銅礦能幫助你意識到這些阻礙，並讓你克服阻礙獲得成長。它也能增加通靈能力。不要把它浸入水中或者鹽裡。

血石 Bloodstone

　　古埃及人相信血石能移除阻礙，打開機會的大門。血石用在法術中可以幫助克服阻礙或發覺祕密。它也能為你的訴訟案件帶來勝利。而且因為它呈綠色，所以它的能量也和成功有關聯。

堪薩斯神石 Boji Stones

　　堪薩斯神石，又叫波吉石，是土褐色的寶石，能為人帶來接地和穩定。堪薩斯神石分雌石和雄石；雌石圓潤，而雄石更有稜角，將兩者同時握在手中就能為你帶來活力，平衡能量。

古銅輝石 Bronzite

　　古銅輝石可以幫助你活在當下，非常適合幫助那些思緒混亂無法平靜，難以達到冥想狀態的人。古銅輝石還能控制詛咒並加強它的能量，然後把它送回發送者的身上。

貓眼石 Cat's-Eye

　　貓眼石可以放在你的美妝產品附近，據信它可以增加吸引力。它也能增強內在洞察力和感知力；你也可以為貓眼石賦予能量讓它幫你找出特定資訊，看到隱藏訊息。

菊花石 Chrysanthemum Stone

　　這顆寶石能為你帶來幸運和和諧，幫你發揮出最佳機能。它會

增強神祕體驗，幫助你在日常生活中看到更深層次的意義，而且它會隨時為你提供靈性支持。菊花石能幫助你發揮最深層的潛力。

矽孔雀石 Chrysocolla

矽孔雀石是一顆謹慎的寶石，可以把它放在想要保密的事物附近。它也和智慧有關聯，能引導你什麼時候該保持安靜，而什麼時候應該發聲。

綠玉髓 Chrysoprase

綠玉髓適合藝術家使用，因為它能增加創造力和才藝。它可以促進忠誠、原諒和同情心，也能讓人在人際關係中不帶偏見地思考，同時還能消除貪婪和自私。

珊瑚 Coral

擁有珊瑚就像擁有了海洋的力量一樣：它能夠探索深沉的情感，理解隱藏的暗流，看到肉眼不可見的智慧。尋找珊瑚時請一定要小心負責，因為它來自活著的生物。請只保留你自然發掘並且已經死亡的部位。珊瑚是來自大海的特別禮物。

達爾馬提亞碧玉 Dalmatian Stone

人們認為當危險接近的時候，達爾馬提亞碧玉會從能量上發送警告，所以請注意它散發出的振動。它能夠平息強迫性的想法，幫你忘記憂愁，也能為你帶來無憂無慮的態度。

賽黃晶 Danburite

放在房間裡的賽黃晶可以幫你吸收和過濾壓力。賽黃晶能為經歷悲痛、損失、分手還有其他困難的人帶來愛和安慰。

鑽石 Diamond

鑽石代表著自信、性感和開放的態度。它是地位的象徵，任何大小的鑽石都能夠被賦予力量用來吸引注意力和讚賞。鑽石也能被用在繁榮法術之中。

沙漠玫瑰石 Desert Rose

沙漠玫瑰石包含著女巫的格言「如其在上，如其在下」，因為它既含有透石膏（與月亮的能量相關）也含有沙子（代表大地的能量）。它能把靈性元素和土元素連結起來，在物質領域和精神世界創造出美麗的共時性——就像你進行法術時創造的能量一樣。

翠銅礦 Dioptase

翠銅礦可以療癒背叛和悲傷，幫你克服憤怒和痛苦；幫助你識別並釋放阻礙你的人事，也能幫你驅散依附在你身上的靈體。

祖母綠 Emerald

祖母綠能為你帶來關於過去、現在和未來的知識。它能促進合作，增加家庭的和諧和關係的忠誠。如果祖母綠寶石的顏色改變了，則象徵著愛情裡的不忠。

綠簾石 Epidote

綠簾石可以激起你一直抓住不放的痛苦和怨恨，進而釋放這些情緒。它能幫助你轉換受害者心態，防止上當受騙。請在你真正準備好要面對你的陰暗面時再使用這塊寶石。

燧石 Flint

用燧石做成的刀具、武器和護身符在世界各地都能找到。把燧石放在你家的前門上，可以保護房屋和家人，隨身攜帶也可以逆轉危險。

藍螢石 Fluorite: Blue

藍螢石可以幫你整理思緒，帶來清晰的交流。它能幫助你在辯論或是爭執中把混亂的思緒整合成清晰的觀點。

透明螢石 Fluorite: Clear

透明螢石能讓神靈以你能理解的方式顯化在生活中。這樣的特質讓它成為適合新手女巫學習新魔法概念時使用的水晶。

綠螢石 Fluorite: Green

綠螢石適合企業家使用。它和成功還有清晰的頭腦有關，能夠幫助你想出商業戰略，用有創意的方式讓計畫獲得成功。它也是象徵著成長和增長的綠色寶石，能幫助企業開始運作。

紫螢石 Fluorite: Purple

紫螢石可以加強通靈能力，非常適合和你的神諭牌卡放在一起。它能幫助你解讀占卜符號，然後把這些符號運用在你的日常生活中。如果你為他人占卜的話，它也能讓你和前來問訊的人之間的交流更清晰。

彩虹螢石 Fluorite: Rainbow

彩虹螢石裡包含了藍色、綠色、透明和紫色的部分，因此同時擁有這些顏色的能量。這讓它成為非常有能量也很受歡迎的寶石。

黃螢石 Fluorite: Yellow

黃螢石能夠激發才智，促進群組活動和團隊工作。它能讓大家更加互相理解，也更加了解任務的內容，從而幫助大家一起工作。

鉻雲母 Fuchsite

鉻雲母對使用草藥的女巫非常有幫助。在製作自己的草藥時，把鉻雲母放在旁邊可以增強草藥的效果，並增加你和草藥的魔法連結。不要把鉻雲母浸在水裡。

青蛋白石 Girasol

青蛋白石能幫助你完成困難的轉變，讓你輕鬆應對搬家、離婚和換工作等重大變化。它也能幫助你保持專注，防止情緒失控。

女巫石 Hag Stone

任何表面上有自然磨損小孔的石頭都是女巫石，這種小孔通常是水流造成的。能找到一顆女巫石是非常幸運的事，用繩子串起來當成飾品佩戴，可以帶來繁榮和保護以及一切你想要的事。

白紋石 Howlite

白紋石能為你揭示前世，也可以幫助你進入其他維度和時代。在你嘗試入睡的時候，它可以減緩過度活躍的頭腦，所以也能用在帶來平和的法術裡。它的能量非常柔和舒緩。

冰洲石 Iceland Spar

冰洲石能揭示隱藏的資訊，或者幫助你了解文字和符號背後的祕密訊息。它能讓你在對話中理解言外之意。不要把它浸入水中。

菫青石 Iolite

據信菫青石能幫人克服各種成癮性和不良習慣，它有助於自我表達、發現自己的內在力量、實現自我價值。這種寶石能幫助你開啟新生活。

藍碧玉 Jasper: Blue

無論是什麼狀況，藍碧玉多多少少都能帶來一些正向能量。它能為你打開視野，讓你看到事情的全局，這樣你就能了解人生挑戰的意義。

褐色碧玉 Jasper: Brown

褐色碧玉能加強你和大地的連結。如果你不得不待在室內，沒辦法連結大自然的話，可以試著攜帶棕色碧玉，這樣濃縮的大地能量就會時刻陪伴你。

綠碧玉 Jasper: Green

綠色碧玉能作為護身符吸引身體健康，帶來毅力。它能平衡生活中不可控制的方面，例如強迫症、有毒的關係、破壞性的思想和行為模式。

莫哥石 Jasper: Mookaite

莫哥石能幫助你做出關於未來的重大決定。它為你帶來新的想法，讓你在充滿阻礙的情況下也能想出新的解決方法。

圖畫碧玉 Jasper: Picture

　　圖畫碧玉有清晰的深色線條，第一眼看過去它似乎在向你說話。請留心它的形狀代表了什麼符號，並仔細考慮將它應用在生活中的涵義。

紅碧玉 Jasper: Red

　　紅碧玉是堅固而穩定的寶石，它能帶來平衡、實用性和良好的判斷力。它能幫助你腳踏實地，同時帶來緩慢而穩定的有益改變。

黃碧玉 Jasper: Yellow

　　黃碧玉能增加自信心並用成熟而實際的方式處理問題的能量。它可以轉移過度情緒化的反應，為你帶來能力和冷靜。

鋰輝石 Kunzite

　　鋰輝石可以為充滿壓力的環境帶來平靜與安寧。它能增強謙遜感，幫你分析自己的行為和錯誤。它也可以消除附著在你身上的負面能量。鋰輝石長時間暴露在陽光下會褪色。

藍晶石 Kyanite

　　藍晶石能帶來清晰的預知夢，並幫你記住夢境。可以把它和你的夢境日誌放在一起。藍晶石會把神靈的想法帶到你的腦海中，這樣你就能讓想法在現實生活裡顯化出來。

海紋石 Larimar

　　海紋石能在適合的時間為你的生活吸引適合的人。它能幫你找到靈魂伴侶，並識別那些能真正引導你實現人生目標的人。

火山岩 Lava Rock

多孔的火山岩能吸收能量並把它儲存起來，供你需要的時候使用。它也能從房間和周邊環境中吸收不需要的能量。請記得在使用之後淨化它。

鋰雲母 Lepidolite

鋰雲母能給人和空間帶來寧靜平和的能量。它能淨化能量上的混亂，並組合成帶來效率的能量。它也能破壞舊的思維模式，帶來成長。

天然磁石／磁鐵礦 Lodestone/Magnetite

磁鐵礦是天然生成的磁鐵，帶有正負電荷。它既可以用在吸引力法術中，也能用在驅逐法術裡。由於它可以同時做兩件相反的事情，使用它的時候請一定要有明確的意圖。

大理石 Marble

大理石有保護的能量也能帶來穩定，所以非常適合放在聖壇上。它能幫你成為自己思想和意圖的主人。

梅林石 Merlinite

梅林石能吸引各種神祕的魔法能量，因為它包含了來自魔法師、煉金術士、薩滿、女巫和擁有魔力的人他們的集體能量。它能把你的想法帶給神靈並顯化出來。

天鐵隕石 Meteorite

天鐵隕石包含了地球領域之外的偉大知識。如果你珍視你的隕石，它就會讓你了解到生命中最重要的問題，例如死亡後的生命和存在的目的等。

雲母 Mica

雲母能讓你專注在當下。它能讓你放下無法控制的事情，為你當前的生活帶來平靜和接受感。你可以在練習正念的時候隨身攜帶雲母。

捷克隕石 Moldavite

流星撞擊地球的時候形成了捷克隕石。它含有天體的振動，和地球上的水晶不同。捷克隕石能藉著共時性和象徵性符號揭示你日常生活中的魔力。

珍珠母貝 Mother of Pearl

人們認為珍珠母貝可以緩解憤怒和攻擊性。它可以用在法術或者護身符中，為你的狀況帶來平靜，讓理性討論順利進行。它有助於揭示解決問題的合理方案。

孔雀銅礦 Peacock Ore

孔雀銅礦是能帶來社會正義和平等的寶石。它可以用在從創傷中恢復的法術，也能帶來獨立和力量。這樣的寶石被賦予力量之後可以用來遠距離療癒。

珍珠 Pearl

有些女巫認為珍珠會帶來不祥，因為蒐集珍珠是殺死生物的過程。因此珍珠可以用在詛咒裡，這對那些使用詛咒巫術的人非常有用。在決定如何使用珍珠的時候，請運用你的直覺，或者選擇天然材料合成的人造珍珠。

橄欖石 Peridot

橄欖石能夠吸引金錢和好運，驅散嫉妒情緒。它的能量可以幫助你改正把自己的經歷和別人在網路上展示出來的生活相比較的現代習慣，所以可以把它放在移動設備旁邊。

木化石 Petrified Wood

木化石來自古老的樹木，這些樹木已經老到變成了化石。這種木化石充滿智慧，包含了地球上最古老的指示，能幫助你了解人生在時間面前的短暫。它和黑煤玉不同，它是堅固的棕色岩石，看起來很像原木。

葡萄石 Prehnite

葡萄石能為自己和他人帶來無條件的愛。它可以拓寬你的內在智慧，從而引導你實現真正的人生目的。它也有助於占卜，加強通靈能力。

浮岩 Pumice

浮岩非常獨特，因為它可以浮在水上，這意味著它可以幫助你克服生活中的情緒難題，同時讓你保持堅強。它能夠同時淨化你的身體和氣場。

紫磷鐵錳礦 Purpurite

紫磷鐵錳礦適合銷售人員使用。無論你是在大型企業任職還是自由職業，或者只是在準備車庫甩賣，紫磷鐵錳礦都能增強你的產品對客戶的吸引力，幫助你增加收入。

水光水晶 Quartz: Aqua Aura

這種迷人的水晶是由黃金和石英結合而產生的，所以同時包含了兩者的能力。黃金與太陽和財富、勇氣和意志相關。黃金和石英相結合，讓這種水晶非常適合當成自我賦能的護身符。

藍水晶 Quartz: Blue

藍水晶能帶來平和與安寧，佩戴藍水晶可以緩和你的精神，緩解不良情緒。它讓你感到充滿希望，也能消除恐懼，如果你需要為他人帶來安慰，非常適合把藍水晶帶在身邊。

金髮晶 Quartz: Golden

金髮晶能夠用心電感應和其他通靈手段促進交流。觀想你想聯絡的人，把訊息低聲告訴金髮晶，它就會把訊息傳遞給這些人。

綠水晶 Quartz: Green

綠水晶帶有強大的繁榮能力。把它放在錢包裡或者聖壇上可以用來吸引金錢。它能夠為佩戴的人創造出成功的氣場。

鋰水晶 Quartz: Lithium

鋰水晶能為動物和植物帶來療癒。把它放在生病的植物旁邊，或者動物的病床邊，就可以幫助牠們康復。

幻影水晶 Quartz: Phantom

在幻影水晶中的白色紋路據說是曾經的鬼魂，從幻影水晶中可以讀到你的前世。幻影水晶能告訴我們究竟來自何處、我們如何從困難中成長，以及我們曾經克服了什麼樣的困難。

粉水晶 Quartz: Rose

粉水晶能促進各種形式的愛：愛自己、愛別人；友情、家人的愛和戀人的愛。粉水晶可以用來加強自尊心，吸引志同道合的人，還有建立情感連結。

煙水晶 Quartz: Smoky

煙水晶能對抗悲傷和憂鬱。它能讓你在現實生活中有所依靠，同時提高你的振動為你帶來滿足的生活。它能讓你充滿生命力，減輕空虛感。如果煙水晶在日光下照射太久就會褪色。

精靈水晶 Quartz: Spirit

精靈水晶包含白水晶中的所有力量，還能把振動提升得更高。把精靈水晶放在即將去世的人身邊可以幫助他們平靜地從今生過渡到來世。

紅紋石 Rhodochrosite

紅紋石呈粉色，這種寶石能加強身體吸引力和慾望。它能刺激性表達的自由，可以用在吸引肉體關係和增強性體驗的法術裡。

薔薇輝石 Rhodonite

薔薇輝石可以抵擋侮辱和來自負面能量的關注。如果你認為有人要損害你的名譽，可以在法術裡使用薔薇輝石來防止謠言的傳播。

紅寶石 Ruby

紅寶石能保護花園和作物的健康，免於風暴和病蟲害的侵擾。把紅寶石放在你最喜歡的樹木上，可以保護樹木免受傷害，同時也能問候樹木內部的靈體。

藍寶石 Sapphire

藍寶石可以用在帶來忠貞愛情，或者讓伴侶理解彼此的法術裡。人們也認為它有助於避免入獄或監禁，所以也可以用在關於法律事務的儀式裡。藍寶石在陽光直射下會褪色。

纏絲瑪瑙 Sardonyx

纏絲瑪瑙放在家裡可以用來防止竊賊和罪行。它能激發人們心中最好的一面，幫人留下良好的第一印象。這個寶石可以用在關於建立團隊的法術裡。

蛇紋石 Serpentine

蛇紋石可以幫助那些難以講出內心想法的人，把它放在喉嚨處可以促進溝通。它能喚起個人力量，為你帶來勇氣，讓你像蛇蛻皮一樣，丟棄不再適合你的東西。

雪花黑曜石 Snowflake Obsidian

雪花黑曜石是比較溫和的黑曜石，可以讓問題浮出水面，在你準備好的時候得到解決。它也能幫助人們打破負面的不健康循環。

蘇打石 Sodalite

蘇打石是代表交流通訊的寶石，能為團隊帶來團結，讓人們分享想法，帶來開放的交流。它與邏輯和才智有關，適合學生使用。

尖晶石 Spinel

尖晶石可以用於帶來新開始，以及更新自己周邊的事物。它能幫助你放手，也能用在分手魔法中。尖晶石能為你吸引新的機會，讓你在正確的時間出現在正確的位置。

舒俱萊石 Sugilite

舒俱萊石可以用在任何領域，充當魔法盾牌——它既可以在情感上保護你，也能在身體上或者靈性上為你帶來庇護。它能為最黑暗的時期帶來愛和光明，所以可以在經歷情緒難題的時候把它帶在身邊。

超級七 Super Seven

這種寶石叫作超級七，因為它包含七種不同的礦物質。這種寶石可以增加通靈能力、魔法力量、直覺和與神靈的連結。無論要開始哪一種靈性事業，都很適合使用超級七。

鐵虎眼 Tiger Iron

鐵虎眼能促進力量和韌性。它可以為佩戴者灌輸勇敢的感覺，讓你即使受到挑戰也能堅持自己的信念。它也能讓你始終如一地付出努力。

拓帕石 Topaz

拓帕石能吸引快樂、豐盛和幸福。它像陽光一樣在人與人之間散播積極正向的情緒。給拓帕石賦予力量之後攜帶它，那麼無論你走到哪裡都會為周邊帶來積極的能量。不要用鹽淨化它，也不要讓它長時間暴露在陽光下以免褪色。

黑碧璽 Tourmaline: Black

黑碧璽能保護情緒敏感的人，也能防止共感者被別人的能量干擾。在人群中佩戴黑碧璽可以在自己周圍形成能量保護罩。

藍碧璽 Tourmaline: Blue

藍碧璽能帶來真相、誠實、忠誠和責任。和別人合作時，尤其是開啟新工作需要給別人留下好印象的時候，可以佩戴藍碧璽。

棕碧璽 Tourmaline: Brown

棕色碧璽讓人更容易產生同理心。它能帶來團隊合作，也能為家中的爭論和混亂帶來療癒。它可以促進性格不合的人互相理解。

綠碧璽 Tourmaline: Green

綠碧璽可以幫助磨練觀想能力，非常適合用在巫術和法術。它在使用草藥、花朵和植物的女巫之間特別受歡迎。

粉碧璽 Tourmaline: Pink

粉色碧璽適合用在愛情和性愛魔法之中。它能消除親密關係中的不安全感，幫助伴侶敞開心扉，在性方面感到舒適。

紫碧璽 Tourmaline: Purple

紫色碧璽能讓你擺脫陳舊的生活模式。它可以消除混亂的思緒，對抗自己內心的恐懼和不安全感。

彩虹碧璽 Tourmaline: Rainbow

彩虹碧璽可以激發創造力，加強想像力。它會幫助作家克服創作阻礙，深入心靈，尋找最獨特的想法。

紅碧璽 Tourmaline: Red

紅碧璽能夠幫助人們克服害羞的問題。它可以增強意志力，提高身體的能量。對於性格內向的人來說，紅色碧璽可以讓他們在群體活動中始終保持社交活力。

西瓜碧璽 Tourmaline: Watermelon

西瓜碧璽能帶來平衡和清晰的感覺，因為它能夠讓我們內心的矛盾特質變得更和諧。它還讓人與人之間的交往變得更溫和，可以加強友誼。

綠簾花崗石 Unakite

綠簾花崗石是適合地球愛好者的寶石。它能和那些熱愛動物和自然的人產生共鳴。綠簾花崗石也可以加強女巫和她們熟悉的動物之間的連結。

鋯石 Zircon

透明鋯石在法術和魔法中可以作為鑽石的替代品。紅鋯石具有強大的性愛魔力，黃色鋯石有助於商業上的成功，橙色鋯石則能保護家庭安全。綠鋯石非常適合用在金錢法術中，棕色鋯石則能帶來穩定。

50 個法術、
儀式、習俗，和其他
魔法實踐

吸引金錢的法術

這個法術能讓你做出吸引金錢的護身符。把護身符放在家中、工作場所或者錢包裡，可以為你的生活帶來繁榮的能量。

1枝薰香
1卷綠色或金色的布，直徑大約7英寸（17.78公分）
1小顆黃水晶
4枚錢幣
1枝肉桂棒
1英尺（30.48公分）綠色或金色的絲帶

1. 把所有物品都放在聖壇上，點燃薰香。每次點燃一枝，然後用煙霧淨化所有物品。

2. 把布圈擺好，黃水晶擺在中心。想像它正被陽光一樣的金色光環包圍著。

3. 把錢幣放在手心裡。閉上眼睛，想像錢幣的數量愈來愈多，直到成千上萬的硬幣像瀑布一樣從你手中流出來。

4. 把那塊布放在黃水晶旁邊，把一枚錢幣放在布上，說：「*一枚錢幣，請把它帶過來。*」

5. 把第二枚錢幣放在布上，然後說：「*兩枚錢幣，請讓它增加。*」

6. 把第三枚錢幣放在布上，說：「*三枚錢幣，請讓它留下來。*」

7. 把第四枚錢幣放在布上，說：「*四枚錢幣，請讓它持續流通。*」

8. 將肉桂棒和其他物品一起放在布上。肉桂帶有熾熱的能量，可

以作為火花，點燃法術。

9. 把手掌放在蒐集好的物品上方，感受它們釋放的能量：這些能量關於繁榮、增長和成功。觀想你的目標用你所期待的方式實現。例如觀想自己付清了所有帳單、負擔得起度假的消費，或者任何金錢需求得到滿足。

10. 把布包起來，用絲帶打結，做成小袋子。

11. 把袋子掛起來或者藏在隱蔽的地方，用來吸引金錢。

這個法術最適合在盈凸月期間進行，但只要你有需要隨時都可以使用。在你需要的金錢被顯化之後，就可以淨化這些材料然後重複用在別的法術裡。

驚喜寶藏法術

苔蘚瑪瑙可以幫助你在意想不到的地方發現財富。這個法術會教你製作護身符，幫你增加金錢不期而至的機會。這個法術適合在滿月期間進行。

1顆苔蘚瑪瑙
鋼筆
1張8×11英寸（20.32×27.94公分）的紙
1個有蓋子的玻璃罐
1杯來自花園或者菜地的健康土壤

1. 在聖壇上準備好所有法術用品。要確保你已經為苔蘚瑪瑙淨化並且補充能量，也已為它賦予了力量。

2. 用鋼筆在紙上畫出你的幸運數字或者代表你自己的符號，並寫滿你喜歡的東西。如果你不知道要畫什麼，可以畫出美元符號、錢幣、太陽和五芒星。不要糾結它看起來是否美觀；重要的部分在於你的意圖。在畫的時候，觀想自己獲得了意外之財。要想像出自己到底有多驚喜，多開心。

3. 把苔蘚瑪瑙放在紙上，紙摺疊得愈小愈好。苔蘚瑪瑙會吸收你為幸運符號注入的能量。

4. 把摺疊好的紙放進罐子裡，蓋上泥土，就像種下種子一樣。大地充滿肥沃而富饒的能量——非常適合帶來增長和豐盛。

5. 把罐子的蓋子蓋上，放在窗台或窗戶外一個晚上，吸收滿月的能量。

6. 第二天，取回苔蘚瑪瑙。把紙燒掉或者回收。這顆苔蘚瑪瑙現在充滿了你的幸運符號還有來自大地的肥沃能量。

　　去賭場、買彩票或者玩遊戲的時候，可以把這顆苔蘚瑪瑙帶在身上，也可以在你需要錢財入帳的時候帶上它，讓它幫你增加獲得所需資金的可能性。

繁榮粉末

　　這種魔法粉末可以用於任何目的，用途非常廣泛。你可以在家或者公司附近撒上這種繁榮粉末來吸引金錢，也可以像薰香一樣把它放在木炭盤上燃燒，在你的手指間摩擦，或者添加在盆栽植物和花園裡。這種魔法粉末是用帶有繁榮能量的水晶和草藥製成的。

1份碾碎的黃鐵礦，淨化、補充能量並且賦予意圖之後再使用
1份乾薄荷葉
1份乾丁香
1份乾鼠尾草
研缽和研杵
帶蓋的玻璃罐
1小顆虎眼石

1. 淨化黃鐵礦，為它補充能量，並賦予它繁榮的意圖。

2. 把所需用品放在聖壇上。

3. 把黃鐵礦和乾薄荷、丁香和鼠尾草放在研缽裡。在你用力碾碎混合物的時候，想像它們發出了愈來愈亮的綠色光環。等到混合物被碾碎成大顆粒粉末的時候，把混和物放進罐子裡。

4. 把虎眼石放在手心，觀想它的能量，想像它是吸引金錢的磁鐵。讓虎眼石感受你的呼吸。對它低聲說：

「繁榮和豐盛

正來到我身邊

它們像樹根一樣穩定

遍地開花，碩果累累

我所需要的金錢都來到了我身邊」

5. 把虎眼石放進粉末裡。蓋上蓋子搖晃玻璃罐。

6. 在需要的時候使用這些粉末。等用完之後，可以淨化虎眼石，罐子也可以重複利用。

如果你沒有碾碎的黃鐵礦，也可以自己製作。把一顆黃鐵礦放在心臟附近，用你的愛來包裹它，和它交流讓它明白你要做的事完全發自內心的善意。然後把黃鐵礦放在結實的袋子裡，再把袋子放在水泥或者石頭等堅固的表面上，用錘子把它敲碎。

繁榮蠟燭

蠟燭魔法是許多巫術的一部分。魔法蠟燭可以根據女巫的意圖用在水晶魔法、草藥魔法、精油魔法和顏色魔法中。大多數蠟燭都需要幾個小時才能燃盡，有些蠟燭魔法甚至可以持續幾天，因此在這個過程中，每次點燃燭芯都能再次確定你的意圖。這個繁榮蠟燭法術最適合在新月之後的第一天開始，持續到盈凸月期間。

3顆小塊綠水晶
3滴稀釋的廣藿香精油（用1盎司〔29.57毫升〕荷荷芭精油稀釋5滴廣藿香精油）
1個沒有香味的綠色許願蠟燭
1個蠟燭托盤，用來接滴落的蠟油
2茶匙乾三葉草

1. 為綠水晶賦予吸引財富的意圖。

2. 在手上滴幾滴稀釋的廣藿香精油，然後把精油塗抹在蠟燭表面上。想像蠟燭正被金色的光芒包圍。廣藿香的香氣帶有關於世俗的快樂、物質收穫和有形資產的能量。

3. 把蠟燭放在盤子上，三顆綠水晶則放在蠟燭頂部，環繞著燭芯，水晶的箭頭指向外部。

4. 用乾三葉草環繞在蠟燭的底部。三葉草是幸運的象徵。

5. 點燃蠟燭，用接下來的十分鐘觀想你和所愛的親人實現了目標，正在用你們的方式享受人生的豐盛和財富。觀想你的意圖從額頭流出，進入蠟燭的火焰中，然後被水晶發送到四面八方，而金色的火焰和水晶也在幫你加強這樣的能量。

6. 每天在同樣的時間點燃蠟燭，重複觀想，直到蠟燭燃燒殆盡，燃盡的時間最好接近滿月期間。

7. 等到完成法術而蠟燭也燃盡之後，你可以把蠟油上的水晶取下來隨身攜帶，用來吸引財富。

　　蠟燭燃燒的時候，水晶會嵌入蠟燭裡，最終盤子上的蠟油和草藥會凝固在一起。請一定要仔細查看凝固物的形狀所代表的象徵和預兆。關於占卜符號的具體意義，可以查看 DivinationbyTeaLeaves.com 網頁上的占卜象徵。雖然這個網站更多是在解讀茶葉，但符號的涵義是通用的。

繁榮水晶護身符

魔法護身符被女巫賦予能量後，可以用來吸引或者驅除某些特定物體。這樣的護身符充滿了凝聚在一起的能量，能夠發出集中的振動，幫你顯化意圖。

1根水晶柱
1個金色蠟燭
鋼筆
1張比紙幣小的紙
紙幣

1. 淨化水晶柱，為它補充能量、賦予意圖，讓它的力量更強大。

2. 把所有用品準備好放在聖壇上，點燃金色蠟燭。

3. 用筆和紙把你要買或者支付的物品列出清單。這個清單可以包括你需要付的帳單、你一直想要的物品或者任何個人目標。

4. 把紙幣放在聖壇上，再把寫好清單的紙放在錢上。

5. 把水晶柱放在兩者上面。想像它正在吸收來自鈔票和你意圖的能量，然後在一陣金色的閃光中把這些能量放大。想像這道光一直延伸到天際和宇宙之外。觀想一張鈔票變成了成千上萬張鈔票；想像你的銀行帳戶顯示出了你希望看到的存款數額。

6. 說：「*這顆水晶能放大和加倍它觸碰到的所有東西。如我所願，讓它實現。*」

7. 用紙鈔把你的清單和水晶捲在一起，用金色蠟燭的蠟油把它密封好。你也可以把蠟油滴在紙鈔卷的前後兩端，把水晶固定在裡面。

8. 隨身攜帶這個護身符，直到你的需求顯化出來。之後，把護身符拆開，淨化水晶，把鈔票埋在土裡。

「如我所願，讓它實現」（so mote it be）是法術中常用的咒語，用來向神靈宣告你的心願。

繁榮水晶陣

這個水晶陣使用的是第109頁的「生命之種」圖案。你可以在紙上把它畫出來，或者從玄學用品店購買模板。「生命之種」圖案意味著成長為物質形式的思想。把它當作水晶陣的基礎可以保證你的意圖得到增長和顯化。

1根大水晶柱
6根小水晶柱
6顆玉石
6塊黃鐵礦
1張「生命之種」模板
1張紙幣、1枝特殊鉛筆，或者把你的意圖寫在一小張紙上摺疊起來
魔杖或者巫刃

1. 為每顆水晶賦予繁榮和吸引金錢的力量。
2. 把水晶陣模板放在平坦的表面上。把你的紙幣或者摺好的紙放在「生命之種」的正中間，然後把大水晶柱放在上面。這個水晶柱是水晶陣裡的主水晶，它能匯集所有水晶和你意圖的能量，並且放大這個力量。

3. 在水晶陣圖案的中心是一朵有六片花瓣的花。把六個小水晶柱分別放在最內圈的花瓣上，尖端朝內。它們就是你的錨定水晶。

4. 把六顆玉石放在中間一圈上。

5. 最後，把黃鐵礦分別放在水晶陣的最外圈。玉石和黃鐵礦就是水晶陣裡的願望水晶。

6. 用你的魔杖或者巫刃，反覆描繪「生命之種」的線條，同時觀想自己獲得了想要的繁榮。描繪的時候要把所有水晶都用魔杖連結在一起。連結它們的時候，你可以感受到水晶陣的能量變得更強。

7. 把水晶陣留在原地，直到你覺得合適的時候。

　　如果你對水晶陣日漸熟練，也可以為這個法術創造出更複雜的版本。有些女巫會把花瓣和草藥放在水晶陣裡，或者不再使用模板，而是按照直覺布置水晶陣。

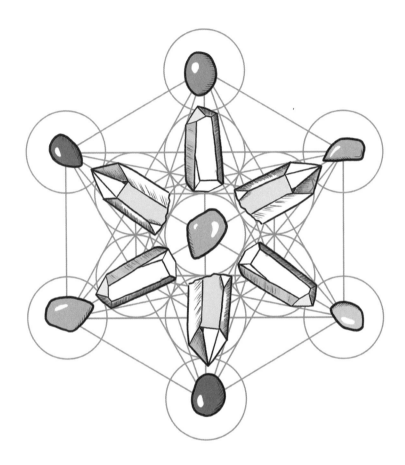

繁榮水晶陣

保護家庭的寶石法術

　　在住宅四周放置已經被賦予力量的水晶，能為你的住宅和家人創造出保護屏障，如果有院子的話，可以把寶石埋在院子邊緣；如果你住在公寓裡，就把水晶放在家中最外圈的角落裡。

4顆黑瑪瑙
4茶匙乾迷迭香
4茶匙鹽
1個碗

1. 為黑瑪瑙淨化和補充能量，並為它賦予保護的力量。

2. 把迷迭香和鹽一起放進碗裡，用手指混合均勻。混合的時候要觀想有一道黑色的保護能量正在從你的指尖流入混合物中。

3. 把黑瑪瑙加入碗裡，攪拌均勻。

4. 站在家中面向東方的區域或牆壁處，說：「*我召喚東方的風之神靈，守衛和保護這片空間。*」如果你在戶外的話，就把寶石埋在地下；在室內的話，則把寶石放在地上。

5. 然后，順時針方向向南邊走。一邊走一邊在地上撒下鹽和迷迭香，想像它正在形成厚厚的保護屏障。隨後面向南方，說：「*我召喚南方的火之神靈，守護和保衛這片空間。*」然後再放下或者埋入寶石。

6. 繼續向西順時針走，撒下鹽和迷迭香。放下石頭的時候說：「*我召喚西方的水之神靈，守護和保衛這片空間。*」

7. 繼續順時針向北走，撒下鹽和迷迭香。放下最後一顆石頭，說：「*我召喚北方的土之神靈，守護和保衛這片空間。*」
8. 然後繼續向東邊走，撒下鹽和迷迭香，走完一個圓圈。
9. 觀想鹽和迷迭香創造出了強大的黑色不透明屏障。寶石能夠把這些保護能量連結起來，讓它穩定地保護你的家，這樣即使鹽被清理之後，它也能繼續發揮保護作用。
10. 每月重複一次，或者在有需要的時候重複這個法術。

如果你是在室內進行這個法術的話，可以在一小時後用吸塵器清理這些鹽和迷迭香，而保護能量會一直留下來。

水晶守衛者法術

有些水晶尤其能淨化附近所有事物的能量。這個法術能夠創造出能量上的過濾器，並確保那些進入你家或者房間的人都把他們的負面能量留在門外。這個法術可以用來清除不良的氣氛、陰鬱的情緒和有害的靈體。

2顆白水晶
2顆鋰輝石
2個透石膏
2顆海藍寶石
2個碗
能填滿碗的沙子，最好來自海灘或者其他有水的地方
2個白色蠟燭

1. 為所有水晶賦予淨化和清理的能量。

2. 用沙子把碗裝滿。小心地把白色蠟燭分別放在兩個碗裡，垂直壓進沙子裡，讓蠟燭固定。再將白水晶、鋰輝石、透石膏和海藍寶石分別放入碗中，排列在蠟燭周圍。

3. 把兩個碗放在大門的兩側。

4. 把門打開，點燃蠟燭，坐在門檻上。

5. 進入冥想狀態，觀想水晶的淨化能量沿著蠟燭向上移動，進入火焰，讓光照亮大門處。觀想溫暖的光芒完全填滿了門的長方形空間，形成了一層薄膜並和水晶的顏色一起盤旋。

6. 用手指（或者魔杖、巫刃）在你面前的空氣中，門口的位置，畫出一個五芒星。然後說：「*用石頭和火焰，用水和空氣，我在這個空間和時間裡創造出一個盾牌。任何邪惡和有害的能量都不能進來。*」

7. 繼續觀想這個盾牌，直到你的注意力開始飄忽。然後吹滅蠟燭。

　　沙子會吸收訪客身上的一切負面能量，讓他們的能量變得穩定。每週點燃一次蠟燭，並重複這個法術。蠟燭完全燃盡時，就可以淨化你的水晶，並且更換沙子和蠟燭。

家庭淨化／賜福噴霧

　　能為家裡帶來淨化和賜福的噴霧經常用來替代需要燃燒植物的煙霧淨化儀式，前者特別適合那些肺部敏感或者不喜歡燃燒植物氣味的人。這些噴霧很容易就能做出來，而且一樣有效。如果可以的話，使用雨水能加強噴霧自然淨化的效果。

1份乾鼠尾草
1份乾薰衣草
1份乾玫瑰花瓣或者花蕾
2份水
1個噴霧瓶
1個或更多彩虹螢石
少許鹽

1. 把鼠尾草、薰衣草、玫瑰花瓣和水放進鍋裡，在爐子上煮沸，再用小火燉煮十分鐘。等它完全冷卻後，把水濾出。把藥水放在噴霧瓶裡。

2. 把要用到的物品放在你面前的聖壇上。

3. 把彩虹螢石放在手中。這個彩色的水晶包含繁榮、智慧、純淨和許多其他祝福的能量。把寶石拿在手中按照你的意願觀想家中充滿了和諧、寧靜和幸福。

4. 把一個或多個寶石放在噴霧瓶裡，同時想像瓶子從內部發出神祕的光芒。

5. 在瓶子裡加入一撮鹽，當作是靈性清潔劑，然後蓋上蓋子搖勻。

6. 有需要的時候在家裡噴灑藥水，可以帶來淨化和賜福。在這樣做的時候，想像家裡的每個角落和縫隙都充滿了閃閃發光的魔法能量。

這種藥水最好在滿月期間製作。如果你喜歡帶有香氣的噴霧，也可以用精油代替燉煮草藥。在這種情況下，只需在瓶子裡裝滿水，在裡面分別加入大約五滴鼠尾草、薰衣草和玫瑰精油（或者玫瑰水，因為真正的玫瑰精油非常昂貴），就不用煮沸草藥了。

阻止流言蜚語的法術

流言和評判會損害你的個人生活和事業。這個法術能保護你和你身邊的人，防止你們被流言蜚語或者謊言中傷。這個法術能直接找到流言的根源並阻止它。

1顆綠柱石
蠟紙或者托盤，要比你的綠柱石大
1個黑色蠟燭
1塊造型黏土，要比你的綠柱石大一些
7枚大頭針

1. 為綠柱石賦予防止流言蜚語和八卦的力量。
2. 把所有用品放在聖壇上。接下來你會用到造型黏土，所以請準備好蠟紙或者托盤以免把聖壇搞得一團糟。
3. 點燃黑色蠟燭。
4. 把黏土做成一顆球，並且觀想出傳播流言的人。想像他們的外

表、聲音和行為。現在把你的拇指按在黏土球上，做出一個足夠大的凹痕，讓綠柱石可以放在裡面。這個凹痕代表了他們的嘴。如果你擅長使用黏土的話，也可以把黏土做成嘴唇的樣子，但是這一步並非必須。

5. 把黏土拿在手裡，想像他們在說你的壞話。觀想出他們嘴唇移動的樣子，然後把綠柱石塞進你在黏土上做出的洞裡，象徵著讓他們閉嘴。

6. 把黏土的邊緣壓在綠柱石上，讓它完全覆蓋綠柱石，就像把嘴緊閉一樣。

7. 用大頭針穿過水晶上的黏土接縫，就像把石頭上的兩片嘴唇閉起來一樣。每次推動大頭針時，大聲說：「〔名字〕，你會變得沉默，沒人能聽到你的謊言。」

8. 把這顆圓球放在一個沒人打擾的地方，直到問題解決為止。之後你就可以淨化綠柱石，重複使用它了。

這個法術並不會從肉體上阻止別人說話，但能讓他們的謊言和八卦變得無效。不久他們就會停止散布謠言，因為他們的話並不能達到目的。

逆轉詛咒的法術

並不是只有女巫才會被詛咒。這個法術可以在有人向你施加了惡劣的詛咒時使用，不過在你運氣特別差或者感到別人的負面情緒針對你時，也可以進行這個法術。

1顆黑色縞瑪瑙
1枝薰香
小鏡子
手持風扇

1. 如果可以的話，把這些用品放在戶外一個不會被打擾到的地方。

2. 為縞瑪瑙賦予逆轉詛咒和惡意的力量。

3. 以舒服的姿勢坐下，把縞瑪瑙放在面前。觀察它暗色且充滿神祕能量的表面，觀想它的能量充滿反轉能力，能驅逐向它發送的振動。它會和你坐在一起，為你的法術增加逆轉詛咒的力量。

4. 點燃薰香，把它固定在地上，或者放在香座上，讓它位於你和縞瑪瑙之間。

5. 讓鏡子背對你，反射出薰香的煙。你也可以把它靠在別的東西上或者支撐在泥土上。這樣鏡子就可以把所有的光線和能量都向外反射，讓它們遠離你。

6. 用風扇把薰香的煙從你身上吹走，說：「*我把這些煙送走的同時，也送走了所有的詛咒。所有邪惡能量都離開我。*」

7. 燃盡整枝薰香，同時用風扇把煙吹走。這些煙就代表詛咒，而你正在把它送回它來的地方。

8. 進行法術的時候，要覺察到黑色縞瑪瑙和它散發出的保護能量。你會注意到這些煙似乎不會接觸到縞瑪瑙，因為它正在驅散煙所代表的詛咒。

9. 薰香燃盡之後，取回縞瑪瑙和鏡子，離開這個地方，這時你已經逆轉了詛咒。

隨身攜帶縞瑪瑙，或者把它放在家裡的窗台上，直到你感覺到詛咒解除為止。如果你不得不在室內進行這個法術，請記得一定要打開窗戶。

身心靈護身符

最簡單的水晶保護魔法就是為幾個互補的保護水晶賦予力量，然後把它們放在小袋子裡，戴在脖子上。許多地方都能買到好看的小袋子，你也可以自己做一個。這個法術能夠創造出可以佩戴的護身符，為你的身心靈提供保護。

1個白色蠟燭
1小顆瑪瑙
1小顆玉髓
1小顆紫水晶
1個帶繩子的小袋子，方便戴在脖子上

1. 把所有用品放在聖壇上，點燃白色蠟燭。

2. 把瑪瑙放在心臟附近，感受到它的能量正在保護你的肉體。對瑪瑙低聲說：「*這塊寶石將會保護我的身體。*」然後把它放在聖壇上。

3. 把玉髓放在心臟附近，感受到它的振動在激發你的心智。對玉髓低聲說：「*這塊寶石將保護我的心。*」

4. 把紫水晶放在心臟附近，感受到它的力量在保護你的精神。對紫水晶低聲說：「*這塊寶石將保護我的靈魂。*」

5. 把所有水晶都放在袋子裡，觀想它們的能量混合成強大的彩色光球。把項鍊放在頭上，感受水晶的能量在一個彩色漩渦形成的保

護罩裡向你的全身蔓延。這個能量形成了一個盾牌，從你的身體向外擴展大約 3 英尺（91.44 公分）。它能包裹你的整個氣場。

6. 在需要的時候佩戴護身符，讓它保護你的身心靈。

這三顆水晶以護身符的方式形成了完美的三重保護，可以防止身體疾病、心靈操控和有害靈體占據你的精神。

五芒星水晶陣

五芒星，也就是有圓圈的五角星，在許多巫術裡都是強大的符號。這種水晶陣是在五芒星的形狀上布置出來的，帶有保護的能量。你可以在操作魔法的時候把這個魔法陣放在聖壇上來保護你，也可以把它放在家裡的其他地方用來抵擋有害能量。

五芒星模板，或者有五芒星圖案的盤子
1 大顆黑碧璽
5 根小水晶柱
5 顆小燧石
巫刃或者魔杖

1. 找一個不會被人和動物打擾的地方來布置水晶陣。

2. 為每顆水晶賦予保護力量。

3. 把五芒星模板放在平坦表面上。

4. 把大顆黑色碧璽放在五芒星的中心，作為主水晶。

5. 把水晶柱一個個放在五角星的五個角內，讓水晶柱的尖端朝向黑碧璽。這就是你的錨定水晶。

6. 在五角星的每個角上放上一顆燧石。這就是你的願望水晶。

7. 用魔杖或者巫刃，在水晶上方的空氣中劃出一條看不見的線，把這些線連結起來，形成五角星的形狀。然後順時針方向移動你的魔杖或巫刃，把這些圖案都連在一起。

8. 觀想水晶陣正在創造出充滿保護能量的氣場。五芒星會散發出錐形的力量，可以吸引能量並凝聚在五芒星上方的一個點上。這個點的能量會向天際發射，直達靈性領域。

9. 每次看到這個水晶陣的時候你都會感受到它的保護能量。只要認可並感謝它，你就能為它添加能量，讓它變得更強大。

　　這個五芒星能用在任何意圖的水晶陣中，包括帶來繁榮、愛與和平的水晶陣。雖然五芒星在神聖幾何圖形中並不算非常流行，但它多年來在集體潛意識裡已經獲得了意義，成為強大的象徵符號。

五芒星水晶陣

粉水晶的吸引力法術

這個法術能為你的生活吸引戀愛關係。它並不會針對某個具體的人，但會讓你相信神靈將為你帶來最合適的人。這個法術應該在盈凸月的第一天開始，在滿月期間完成。

2顆粉水晶
1個紅色或粉色蠟燭
乾玫瑰花瓣

1. 把所有用品都放在聖壇上。
2. 用一顆粉水晶代表你，另一個粉水晶代表你想要吸引的人。
3. 把代表你伴侶的水晶放在心臟處，觀想你希望伴侶能擁有的特質。這時可以盡情幻想；要用這個機會來向宇宙宣布你真正想要的是什麼。
4. 把兩顆粉水晶放在聖壇上，相隔14英寸（35.56公分），點燃蠟燭。
5. 觀想你見到了自己想要的人，和他進入了一段戀愛關係，當你觀想的時候，把兩顆水晶向彼此靠近1英寸（2.54公分）。然後吹滅蠟燭。
6. 第二天，以及盈凸月之後的每一天，都點燃蠟燭並在每天的同一時間重複觀想。花大約十分鐘想像你的目標，感受到你已經得到了想要的關係，並且看到你和伴侶在一段幸福的戀愛關係裡。觀想的時候，每天都把水晶向彼此移動1英寸（2.54公分）。
7. 到滿月的時候，你的水晶應該已經觸碰到彼此了。這時把乾玫

瑰花瓣撒向水晶，向神靈宣告：「*我的伴侶正在向我走來，如我所願，讓它實現。*」然後讓蠟燭燃盡。

8. 把花瓣和水晶留在聖壇上，敞開心扉迎接即將到來的伴侶。

　　許多女巫都認為針對某個特定的人進行愛情法術是不道德的，因為它會干預別人的自由意志。這個法術並沒有針對某個人，而是讓你看到所有的可能性，並且吸引最適合你的人。在這期間要敞開心扉——因為你的伴侶有可能是你完全沒想到的人！

療癒關係的法術

　　如果在戀愛關係中，你們其中有一人受傷或者兩人都受傷，但還是想要在一起，這個法術可以用來療癒你們的戀愛關係。在開始法術之前，請進行冥想，確保這是對雙方都有益的健康關係。

2顆薔薇輝石
2張紙
彩色鉛筆或者麥克筆，其中要有紅色
剪刀
膠帶

1. 在開始法術之前，為水晶賦予情緒療癒的力量。

2. 在聖壇的其中一張紙上畫出你的伴侶，在另一張紙上畫出你自己。不一定要畫得特別漂亮；重要的部分在於你的意圖。要確保畫出你們的特點，例如頭髮顏色、體型或者紋身。用剪刀把畫出的部分剪下來並排放在一起。

3. 在兩人的胸前畫出一個心形，塗成紅色。心形代表你們的傷痕。當你給心形塗色的時候，想像讓你們難過的事和這些事帶來的痛苦。

4. 在你伴侶的心形上放一顆薔薇輝石，想像薔薇輝石正在把痛苦從他們身上取出。然後在你自己的畫像上也做同樣的事。

5. 把薔薇輝石放在兩人的畫像上放置過夜，讓薔薇輝石帶來療癒。

6. 第二天，移開薔薇輝石，讓兩張紙上的人物面對面貼在一起，並且用膠帶黏起來。這象徵著你們兩個能輕鬆團聚。

7. 把兩張紙放在不會被干擾的地方。把其中一顆薔薇輝石送給你的伴侶，另一顆自己保留。

8. 隨身攜帶薔薇輝石，一段時間之後，你們就會發現你們克服了生活中的問題，也找到了繼續發展的方法。

　　這個法術不能改變過去，但它能為你們的心帶來互相理解和原諒，這樣你們的關係就能得到療癒，向前發展。

吸引愛情的魔藥

　　魔藥能把水晶的能量轉移到水中，喝下這樣的水就能讓能量充滿身體。魔藥幾乎可以為任何意圖而做成，它取決於你擁有什麼樣的水晶以及其能否放進水中。以下是愛情魔藥的配方。

玻璃碗
飲用水
1顆或者更多玉石、粉色瑪瑙、粉水晶或者粉色碧玉

1. 在滿月時期把飲用水倒進玻璃碗裡。
2. 為你的水晶賦予愛的力量。每顆水晶都有不同的振動。玉石能帶來持久的愛情，粉色瑪瑙帶來穩定的情感依戀，粉水晶帶來遇到新戀人的眩暈感，粉色碧玉則可以吸引強烈而成熟的情感連結。
3. 如果你使用的水晶不止一種，請一顆顆分別加入水中。每次把水晶放進去的時候，都要想像自己正在吸引完美的戀愛關係。五分鐘之後把它取出來，再放入下一顆水晶，重複上面的作法，直到用完所有水晶。
4. 把水轉移到水杯裡。每次喝水的時候，都想像這些吸引愛情的水晶能量正在流經你的血管和心臟，讓你散發出吸引力且充滿能量。這種能量就像磁鐵一樣，會吸引所有的愛朝你而來。

　　如果不想直接飲用魔藥，也可以在飲用水中加幾滴魔藥來稀釋它，或者把魔藥加入洗澡水中，塗在你的手腕和脖子上，或者把它噴灑在家裡。如果你還想在裡面加入其他水晶，一定要確定水晶沒有毒性。

海紋石靈魂伴侶法術

　　靈魂伴侶通常被認為是終生伴侶。但有時靈魂伴侶指的是你人生道路上的關鍵人物——是一種短暫卻有意義的關係，你可以從中學到寶貴的人生課程。靈魂伴侶有多種形式，我們一生中會擁有不止一個靈魂伴侶，所以請對遇到的人保持開放的心態。

1顆海紋石，最好是可以作為項鍊佩戴的吊墜

薰衣草精油

1條項鍊長度的鏈條

1個心形飾物

1. 為海紋石賦予吸引靈魂伴侶的力量。把所需用品放在聖壇上。

2. 在海紋石上滴一滴薰衣草精油並摩擦海紋石。想像海紋石像探照燈一樣到達了宇宙，正在幫你召喚靈魂伴侶。然後把它串在鏈子上。

3. 把薰衣草精油滴在心形飾物上並摩擦飾物，觀想自己和靈魂伴侶在一起，任何場景都可以。感受你自己的心隨著愈來愈多的愛意不斷擴大，說：「*我呼喚我靈魂伴侶的心，快走向我吧！*」然後把心形飾物串在鏈子上。

4. 這時海紋石和心形飾物已經放在一起也產生了接觸。這就代表你和你的靈魂伴侶結合在了一起。

5. 戴上項鍊，每隔七天就用精油塗抹海紋石和心形飾物，同時觀想你和靈魂伴侶的戀愛關係。

這個法術最適合在盈凸月和滿月期間完成。許多商店都有賣海紋石的吊墜，你也可以用散裝的海紋石和珠寶專用絲線製作吊墜。

天然磁石的愛情助力器法術

天然磁石，也就是磁鐵，是地球上天然存在的磁鐵礦石之一。這個法術可以加強你和伴侶之間的連結。如果你的戀愛關係遇到了困難，或者你將要有段時間見不到你的伴侶，就可以用這個法術鞏固你們的關係。

2顆中等大小的磁石
1碗戶外撿到的普通石頭或者鵝卵石
1英尺（30.48公分）的紅紗或者紅色細繩

1. 用一顆磁石代表你自己，另一顆代表你的伴侶。你可以隨身攜帶代表你的磁石一天，或者把它放在枕頭底下睡覺，讓它吸收你的能量，這樣它的力量會更強大。

2. 把所需材料放在聖壇上。拿起代表伴侶的磁石，把它貼近心臟部位，觀想他的臉和聲音，還有關於他你喜歡的所有特點。把你觀想到的圖像從心中發送到磁石裡。

3. 把那碗鵝卵石向天空舉起來，說：「*大地的力量、穩定的力量、保護的力量，我祈求你們為我的魔法帶來幫助，這些石頭就是安全、保障、滋養和成長的源泉。*」觀想這些石頭發出柔和的棕色和綠色光芒。然後把碗放在一邊。

4. 一手拿一顆磁石，慢慢靠在一起，當磁石接觸到彼此的時候，感受兩者結合在一起的磁性連結。那代表了你們的愛情。用紅色繩子把兩顆磁石繫在一起，打一個蝴蝶結。

5. 把繫好的磁石放在那碗石頭裡，用石頭覆蓋磁石，觀想你正在輕輕地把它塞進安全且被保護的地方。

6. 把這個碗放到安全的地方，直到感情中的困難過去再拿出來。

在這段困難時期過去之後，從碗裡拿出磁石。你可以繼續將磁石綁在一起，當成戀愛護身符來使用，也可以解開、淨化磁石之後重複使用。

愛情水晶陣

　　這個水晶陣可以放在家中任何地方，如果你已經在一段戀愛關係裡了，可以小心地把它放在你和伴侶共用的床下，用來加強你們的連結。這個水晶陣用到的「生命之花」模板由十九個圓圈組成，每個圓圈都包含一朵有六片花瓣的花。你要把水晶放在花朵重疊的部分。

「生命之花」模板
1片紅玫瑰花瓣，或者把你的意圖寫在一張紙上疊成一小團
1根大水晶柱
6根小水晶柱
6顆粉水晶
6顆石榴石
巫刃或者魔杖

1. 把玫瑰花瓣或者寫有意圖的紙放在水晶陣中心的那朵花上，然後把大水晶柱放在上面當成主水晶。如果你用的是玫瑰花瓣，由於玫瑰一直以來都是最浪漫的象徵，你可以注意到它正在發送出愛和吸引力的高頻振動。

2. 把小水晶柱放在水晶陣模板上主水晶周圍的六朵花上，尖端指向外部，均勻放置。這就是你的錨定水晶。

3. 把粉水晶放在水晶柱外圈的六個圓圈上。

4. 把石榴石放在最外圈。石榴石和粉水晶就是你的願望水晶。

5. 這時「生命之花」模板上的水晶應該均勻分布在模板上的十九個圓圈裡面。

6. 用魔杖或者巫刃，在水晶陣上方的空中描畫出生命之花的符號，把所有水晶從能量上連結起來。同時觀想你想要的戀愛關係和愛情具體的樣子。

　　這種水晶陣同時用石榴石和粉水晶作為願望水晶，石榴石能夠為水晶陣帶來肉體上的性能量；粉水晶能用它溫和的情感力量來中和石榴石的力量。

愛情水晶陣

順其自然的浮岩精油

　　有時候創造和顯化過程中最難的一部分就是放棄控制，讓你的目標按照它應該有的安排來展開。我們會發現每當自己過度抓取結果或者操之過急的時候，事情總是以失敗告終。這個法術能幫助你跟隨神靈順其自然，並且相信你終究會完成自己的使命。在這個法術中要用到水的能量，所以你身邊要有河流、湖水、小溪或者池塘。

1顆浮岩
3滴你最喜歡的精油

1. 淨化你的浮岩，為它補充能量，也為它賦予吸收能量的力量。

2. 準備好所需用品，在水邊找到一個不會被打擾的地方坐下來。把浮岩拿在手心。

3. 覺察到水的柔和與連綿的能量。要注意到水流是如何按照它需要的樣子流動的，它既不會倉促匆忙也不會承受重壓。

4. 觀察手裡的浮岩。想像你的沮喪和壓力正集中在額頭部位。觀想這種能量從你的額頭流入寶石。這樣的能量看上去可能像一團混亂的激流。

5. 把三滴精油滴在寶石上，與寶石建立個人連結，這樣的話無論它的能量流向何處，都能把你的壓力一起帶走。

6. 如果可以的話，把指尖放入水中。請求水教你如何順應自然、隨心所欲，坦然接受眼前的一切。水不會判斷它要去哪裡，也

不會評判它要撿起什麼；它只是按照自己的節奏和方式繼續前進。這就是你想要學習的水的品質。

7. 把浮岩扔進水裡讓它漂走，也讓它把你的混亂和壓力都帶走。

浮岩會飄浮在水中，輕鬆而漫不經心地流向水流帶它去的任何地方。這時候你就可以轉身離開了。不久你就會發現你的創造力變得自然而流暢，為你的夢想打開了道路。

打開道路的精油法術

這種魔法精油就像它的名字一樣，可以創造新開始，帶來新機會，為各種各樣的顯化開闢道路。它可以用來塗抹蠟燭，也可以塗在你的手腕和脖子上，還能用在魔法沐浴裡。這個法術利用了血石在古埃及信仰中所說的發現機遇，突破阻礙的能量。

1顆血石
1個帶蓋的小罐子
1小塊薑根
少許檸檬香蜂草，或者1茶匙乾的檸檬香蜂草
3滴茶樹精油
用來填滿罐子的橄欖油或者荷荷芭油

1. 在滿月的時候把所有用品準備好，放在聖壇上。

2. 拿起血石，對著月亮說：「*血石是能打開機會大門的魔法鑰匙。*」然後把血石放進罐子裡。

3. 拿起薑根，對著月亮說：「*薑根的熱度會點燃火焰，它為我的願望掃清了道路。*」然後把薑根放進罐子裡。

4. 拿起檸檬香蜂草,對著月亮說:「*這些檸檬香蜂草能為我帶來成功,讓我保持堅強。*」然後把檸檬香蜂草放進罐子裡。

5. 在罐子裡滴三滴茶樹精油,把所有材料混合在一起,說:「*淨化精油能洗去我道路上的所有阻礙。*」

6. 然後用荷荷芭油或者橄欖油填滿罐子。

7. 輕輕搖晃罐子,觀察所有成分與其力量正混合成一股強大的能量。觀想大門打開的景象,想像大門為你打開了一條寬闊又明亮的路,這條路直達地平線。這就是你的成功之路。然後把這些想法通過你的雙手送進罐子裡的精油中。

8. 把裝滿油的罐子放在陽光下靜置三天,然後把油濾出。

　　每次使用這種精油的時候,要想像通往目標和夢想的道路在你眼前打開,這是條寬闊通暢的道路,除了你之外沒有別人在行走。然後觀想你的目標輕而易舉自然達成的樣子。

創意蠟燭法術

　　這個法術可以激發創造力,讓創造力用在你所有的計畫上。對需要寫作、藝術創作、教書、學習或者經商的人非常有用;也可以用在需要新想法,需要開放的心態還有需要承擔風險的事情上。這個法術可以在你需要運用創造力的空間裡使用。

1 顆綠玉髓
1 個紅色錐形蠟燭
1 個黃色錐形蠟燭

1個橙色錐形蠟燭
3滴柑橘或者橙子精油，需在基底油中稀釋（基底油用荷荷芭油或者杏仁油，每盎司〔29.57毫升〕使用5滴精油）
3座燭台
少許鹽

1. 為你的綠玉髓賦予創造力的能量。

2. 用精油塗抹蠟燭，同時觀想創造力湧進了你的工作空間。從頂部的燭芯開始塗抹，一直把精油塗到蠟燭的中間，再從蠟燭底部塗抹精油直到蠟燭中間。這是蠟燭魔法中會使用到的代表吸引的動作。

3. 把蠟燭放在燭台上，用燭台圍成小圓圈。

4. 把綠玉髓放在蠟燭圓圈的中心。

5. 用鹽在蠟燭周邊圍成一圈。這些鹽為蠟燭創造出了神聖空間，也可以在法術進行的過程中保護蠟燭的力量。

6. 點燃蠟燭，想像自己點燃了創造力的火焰。

7. 觀想火焰的暖意正在加熱綠玉髓，並且激發了你內心和四周的創造力。想像你的房間裡充滿了創意能量的閃光。完成之後，吹滅蠟燭。

8. 每次進入你的工作空間時，都要在開始工作之前點燃蠟燭，觀想同樣的事情。然後在每天的工作完成之後吹滅蠟燭。

蠟燭完全燃盡後，就可以淨化綠玉髓了，接著再用新的蠟燭和鹽來重複這個法術。請一定要在可以安全點燃蠟燭的地方進行這個法術。

打破創意阻礙的孔雀石法術

孔雀石非常適合打破心靈和創造力的阻礙，幫你接受新資訊和新想法。小米草是可以打開你內在眼睛的草藥，能夠帶來創造力和顯化能力。這個法術創造出的魔法球可以重複使用，特別是在你感到使用魔法能力受到阻礙的時候。

1顆孔雀石
1個可填充的透明塑料球裝飾品，你可以在工藝品商店買到
用來填充球的沙子
1茶匙磨碎的小米草
膠水

1. 為孔雀石賦予打破創造力阻礙的力量。

2. 把要用到的物品準備好，放在聖壇上。

3. 用沙子把球裝滿。想像球代表了你的心靈和思想，沙子就是你的想法、你的魔法能力和創造力。

4. 把小米草加入球中。

5. 把孔雀石放入球中，然後用膠水密封起來。

6. 讓球滾動，觀察孔雀石在球中穿過沙子，開闢新的道路，並且用全新的獨特方式讓球中的顆粒移動。

7. 把球放在聖壇上，掌心放在球上。感受你手掌的熱量和能量正在輸送到球裡。這時說：「*小米草和綠色寶石，請打開我的內在之眼，穿破所有障礙，讓我的魔法力量自由飛揚。*」

8. 每當你感到創意受到阻礙或者魔法沒辦法顯化的時候，就搖動這顆球，觀察孔雀石不斷改變沙子的形狀，然後說出步驟7的

話。或者在冥想的時候，慢慢轉動這顆球，看著寶石穿過沙子的樣子，感受到它在舒緩你的情緒，激發你的靈感。

如果找不到這樣的球，也可以用有蓋的透明罐子或者瓶子來代替。如果你感到阻礙非常嚴重，也可以選擇在新月時期完成這個法術。新月時期的能量可能會為這個法術增加額外的動力。

萬能顯化法術

這個法術可以顯化你生活中的任何需要和願望。無論是物質層面的需求還是無形的願望，只要你能想像出來，就可以顯化出來。你可以用各種方式選擇法術中需要使用的圖片，既可以從雜誌上剪下、從網路打印，也可以自己畫出來。

1張關於願望的照片，或者能夠表現你需求的圖畫
6顆或更多白水晶
1個小的白色蠟燭

1. 在滿月的晚上進行這個法術。
2. 把準備好的圖片放在聖壇上。注視著圖片，觀想自己完全按照想要的方式實現了目標，同時想像你的圖片被白光環繞。
3. 把水晶按照順時針方向一顆顆圍繞圖片放置。每次放置水晶時，都觀想圖片周圍的白光不斷變得更大更明亮。把所有水晶擺成一圈之後，這個光環已經變得像光球一樣在發光。
4. 點燃白色蠟燭。在照片上滴蠟，然後用這些熱蠟讓蠟燭固定在圖上。感受蠟燭的熱量，並感知到它為法術帶來的額外光亮。

5. 把手放在能感受到火焰熱量的地方，説：「*水晶圓環、火焰和火苗、滿月的光芒，請為我在下一個滿月之前顯化我的願望。*」

6. 想像你已經得到了你的目標，讓蠟燭不斷燃燒，觀察蠟油覆蓋在圖片上的樣子。

7. 把水晶圓環和蠟油原地放置一個滿月週期，它們可以不斷散發出魔法能量，吸引你需要的事物。

在這個法術中使用小蠟燭非常重要，因為大的錐形蠟燭會持續燃燒數個小時。小號蠟燭，或者淨蠟燭，非常適合用在法術中，而且在許多玄學用品店都能買到。

驅逐疑慮的肥皂法術

通常阻止你實現願望的最大阻礙就是自我懷疑。這種疑慮會讓你的注意力減弱，也會削弱意圖的力量，阻礙你創造想要的生活。這個法術可以淨化你心靈中的疑慮，讓你的成功之旅更順暢。

1 顆綠柱石
1 個透石膏
1 顆海藍寶石
你最喜歡的肥皂，固體或者液體都可以
1 碗雨水

1. 把所有材料都在聖壇上準備好。

2. 為綠柱石、透石膏和海藍寶石賦予力量，讓它們擁有淨化負面想法的能量。

3. 把肥皂放在聖壇上。如果你使用的是肥皂塊，就把它的包裝全都拆掉；如果是液體肥皂，把它留在瓶子裡就好。

4. 把三顆水晶環繞肥皂擺放，每顆水晶都要接觸到肥皂。

5. 用手指沾點雨水，按順時針方向繞水晶畫圈，創造出淨化過的乾淨空間。觀想雨水的淨化能量充滿了圓圈，也讓肥皂和水晶充滿純淨的力量。

6. 讓水晶和肥皂靜置三天，待其充滿淨化能量。

7. 每天重複用雨水畫圈和觀想。然後這塊肥皂就可以使用了。

8. 每次洗手或者清洗身體的時候，都想像肥皂把你的疑慮以灰色能量斑的形式吸引出你的身體。所有的疑慮情緒既從物質層面也從能量層面被拉出身體，消失不見了。最終你的身體和精神都變得純潔又正向，準備好接收宇宙為你帶來的一切。

9. 每當你的疑慮和負面想法阻礙你使用魔法的時候，都可以使用這塊肥皂。

　　請把肥皂存放在特別的地方，以備不時之需。有時候別人的勸阻話語也會一直揮之不去，為你的力量帶來負面影響。這種肥皂也可去除這樣的多餘能量。

連結靈性世界

在巫術領域有句著名的話,「如其在上,如其在下」。這句話意味著你在靈性世界創造出的事物會顯化在世俗生活中。你施展法術的時候,靈性世界就是你的意圖和觀想初次成形的地方。這個冥想能夠為你的物質世界生活和靈性生活創造出強大的連結。

1 顆橢圓形的棕色碧玉
1 顆橢圓形的透石膏掌心石

1. 選擇一個安靜的地方開始冥想。冥想的時候用左手握著透石膏,右手握著棕色碧玉。

2. 覺察到兩顆寶石在形狀上的不同之處;感受兩者重量、溫度和質地的不同。注意到寶石的振動不同:碧玉非常質樸和穩定,而透石膏有種超凡脫俗的感覺。

3. 觀想碧玉像樹一樣長出了根,在你的手中延伸,穿過胳膊,把你的身體和大地連結在一起。碧玉能幫助你扎根在物質層面。

4. 觀想透石膏發出白色的光,白光流入你的手中,直到你的胳膊,然後從頭頂迸發出來。這道光直衝上天,你甚至看不到它的盡頭;因為靈性世界是無窮的。

5. 把注意力放在下方的根和頭頂的光線上。感受兩種寶石的能量在你體內融合,它們的能量雖然獨立但結合在一起。你的肉身和碧玉一樣屬於大地;你的靈性自我和透石膏一樣屬於星際,你們共同創造出了完美的平衡。

6. 讓這股能量在你體內流動，只要你感到自在就可以繼續保持這樣的狀態。要逐漸享受這種感覺。你可能會開始感知到聲音、畫面或者其他感受，這是物質和靈性領域在和你交流的表現。

7. 結束之後，寫下你體會到的想法或者畫出你感受到的畫面，也許在當下並沒有任何意義，但是這樣冥想的次數愈多，這些資訊就會變得愈加有意義。

這樣的冥想能讓你的靈性自我和你的肉身融合在一起，然後創造出目標感和和諧感。這應該是非常放鬆的體驗，在這樣的冥想之後你會感到非常平衡和滿足。

通靈朋友法術

這個法術需要至少兩個人的參與。它有助於為參與的人創造通靈連結，這樣他們就可以遠距離傳送心靈訊息。你可以和朋友一起進行這個法術，即使只是為了好玩也沒關係，你們可以事後對比兩人的感受；也可以和身在遠方但又想保持聯絡的人進行這個儀式。

2個帶有燭台的紫色蠟燭
2顆天使石
2支雕刻蠟燭的工具，例如釘子或者觸控筆

1. 面對面坐著，每人面前放一個未點燃的蠟燭和一顆天使石。

2. 把你的名字刻在你面前的蠟燭上，你的朋友也要把名字刻在他們的蠟燭上。在雕刻的同時你們其實也是在把自己獨特的振動放進蠟燭裡，這些振動不僅是你們姓名的振動，也包含了你們

雕刻蠟燭時所付出的體力和能量。

3. 點燃蠟燭放在燭台上，手拉手，同時說：「*手圍成的圓圈，連結成了紐帶，火焰和寶石讓我們心靈相通。*」重複三遍後鬆開手。

4. 把天使石放在額頭上三眼輪的上方。觀想靛藍色的光從三眼輪流入水晶。同時說：「*我的第三眼和天使石連結，分享我的神聖視野。*」

5. 把石頭放在你們中間，讓兩顆石頭接觸到彼此。

6. 兩人同時用右手拿起紫色蠟燭。把蠟燭放在一起，讓火焰在天使石的上方合而為一。然後同時說：「*火焰合而為一，水晶合而為一，我們的心靈也合而為一。*」

7. 吹滅蠟燭。

8. 交換石頭和蠟燭。當你想要傳送通靈訊息給你的朋友時，點燃寫有他們名字的蠟燭，拿起他們的天使石，把注意力放在你想要發送的訊息上。

如果你願意的話，也可以和一群人一起完成這個法術，和這群朋友一一建立通靈連結。只要使用多些蠟燭和天使石，圍成一圈坐下，然後重複這個法術就好。

水晶神諭法術

你可以用這樣的法術創造出自己的神諭水晶。然後當你需要引導、想聽到特定問題的答案，或者只是想要對某一天有大致預期的時候，都可以詢問你的水晶。請選擇你熟悉且憑目視就能辨別出涵

義的水晶來作為神諭水晶。最好是已經在滿月的月光下補充過能量的水晶。

> 1個有燭台的蠟燭
> 1枝薰香
> 1塊用來放置寶石的軟布
> 挑選出10到15顆光滑的水晶和寶石
> 1個用來裝水晶的袋子

1. 坐在聖壇前，或者你的神聖空間裡。點燃蠟燭來營造出氣氛，同時點燃薰香。把軟布放在平坦的表面上。

2. 把裝有水晶的袋子拿在手裡，深呼吸放鬆。

3. 把手伸進袋子裡，用手指撫摸水晶，同時大聲說出你的問題。

4. 當你感覺合適的時候，抓起幾顆水晶，讓它們輕輕地掉落在布上。這個步驟不宜粗魯地完成，讓水晶從布上方3英寸（7.62公分）的位置掉落就可以了。

5. 根據水晶的魔法屬性來解讀神諭。以下是一些小提示：

- 最靠近布料中心的水晶是最重要的。它所代表的能量是問題答案的重要因素。

- 如果有兩顆水晶相接觸，則代表有兩種不同的影響在起作用。例如，一顆粉水晶和一顆黑色縞瑪瑙的接觸就意味著關係中的衝突。

- 如果幾顆水晶的顏色非常相似，則這種顏色的魔法涵義也是一種訊息。

- 如果你問的所有問題都出現了同樣的水晶，那麼這顆水晶會為你當前的生活帶來有意義的訊息。你可以和這顆水晶

一起冥想，或者睡覺時把它放在旁邊，以理解它想傳達的訊息。

- 如果你注意到水晶有不尋常的活動，例如滾到遠處、從桌子上掉下來，或者有其他奇怪現象，其實它是在向你發送出有意義的警告。

- 在不用這些水晶做神諭解讀的時候，如果可以的話，請把裝有水晶的袋子放在透石膏盤上。不要忘記在滿月下為你的神諭水晶補充能量。

覺醒和成長法術

靈性覺醒是個永無止境的過程；即使最有經驗的女巫終其一生都會向聖靈打開心扉，不斷成長、改變和學習。無論是新手女巫還是有經驗的女巫都可以使用這個法術，來促進魔法實踐中的靈性覺知和成長。這個法術所使用的種子具有旺盛的生命力，而且全年都適合在室內種植，但如果你擅長園藝的話，也可以用你喜歡的種子來完成這個法術。

1個空花盆
紫色油漆
1把油漆刷
盆栽土
1顆紫水晶
3粒種子

1. 把所有的用具都準備好。

2. 在花盆底部刷上「覺醒」（Awake）字樣，再畫出一隻眼睛的圖案。眼睛代表靈性智慧、保護和魔法力量。

3. 用泥土填滿花盆，觀想泥土充滿了古老符號上帝之眼的力量。

4. 把紫水晶放在你面前，然後小心地放上三粒種子，全部都要接觸到紫水晶。

5. 觀想紫水晶的神祕紫色光環正在浸透所有的種子。注意到種子內部蘊含的生命和成長。把雙手手掌放在紫水晶和種子上方，說：「*小小的種子包含無限的生命。上帝之眼全知全能。紫水晶帶來覺醒。我的靈性不斷成長。*」

6. 把種子和紫水晶一起埋進泥土裡。

7. 把花盆舉向天空，說：「*種子萌芽的時候，我的內在知覺也在發芽。葉子成長的時候，我的心靈也在打開。樹苗向光明接近的時候，我的心靈也在向光明成長。*」

8. 把花盆放在陽光充足的地方，讓它茁壯成長。一定要用水和光來滋養它，你的靈性也會和植物一起成長。在溫暖的月分，可以把花盆移到戶外，讓它吸收生命能量，也讓紫水晶得到淨化。

　　你也可以更進一步，只用月亮水來澆灌種子。月亮水就是滿月時期放在戶外吸收了月亮能量的水。

回溯前世的手鍊

　　這種可以穿在身上的魔法飾物能幫你回憶前世。前世對你這一世的生活有著很大影響，發掘前世能為你帶來重要的知識，在你的

靈性道路上助你一臂之力。這個法術要用到的所有物品都可以在工藝品商店購買。

白紋石珠子（足以環繞你手腕的數量）
1個蠟燭
1根羽毛
1碗水
1塊石頭
用來串起珠子的彈力繩（足以環繞你手腕的長度）

1. 為白紋石賦予回憶前世的力量。

2. 把所需物品在你的聖壇上準備好，在朝南的方位放上蠟燭，在朝東的方位放上羽毛，在西方放一碗水，在北方放一塊石頭，分別代表四元素。

3. 在彈力繩的一端打結，然後從另一端把珠子串起來。這樣做的時候，重複念誦：「*在我所做的一切和我看到的一切之中，顯示了我的前世。*」

4. 串好手鍊之後，把兩端繫在一起，打上雙結，剪掉多餘的部分。

5. 讓手鍊觸碰羽毛，說：「*我召喚風元素之靈，在風中把失落的記憶帶到我身邊。*」

6. 把手鍊放在蠟燭火焰的熱量中，說：「*我召喚火元素之靈，讓火苗激發我對早已逝去時光的回憶。*」

7. 讓手鍊接觸到水，說：「*我召喚水元素之靈，讓流水揭示隱藏在今生背後的暗流。*」

8. 讓手鍊接觸到石頭，說：「*我召喚土元素之靈，讓大地展示深埋在其中的事物。*」

9. 現在，把手鍊舉向天空，説：「我召喚萬物中的生命之聖靈，你們比時間還廣大，比星辰還遙遠，請向我展現我靈魂無窮無盡的循環。」

10. 戴上手鍊，保持開放的心態，迎接它即將帶來的資訊。

前世的跡象可能會來自夢境，來自生活中不斷重複的象徵，來自你無法解釋的恐懼，也可能來自突如其來的頓悟。

斑彩石女巫浴

有些女巫喜歡在使用魔法之前先沐浴。這些沐浴中通常包含精油、草藥和鹽，可以淨化日常生活中的能量碎片，為女巫注入更高的魔法力量。斑彩石是古代海洋生物的螺旋化石，這種沐浴法術利用了斑彩石的能量和它的象徵意義。

1個紫色蠟燭
3茶匙海鹽
3滴乳香精油
3滴檀香精油
1顆斑彩石或者斑彩化石

1. 點燃蠟燭，調整好心情，關掉燈光，準備洗熱水澡。

2. 在洗澡水中加入海鹽和精油。用手沿順時針方向攪動水，形成和斑彩石一樣的無限循環的螺旋圖案。

3. 思考古代海洋的靈性如何存在於地球上每一滴水裡，然後説：「我歡迎水的靈性來到這個空間，為我淨化，為我賦予能量，請

為我揭示神祕的暗湧，時代的祕密知識，和最深的海洋智慧。」
繼續以順時針方向攪動水流，同時觀想這些水正在變成深邃且
螺旋式的漩渦，充滿了魔法祕密。

4. 進入浴缸放鬆。深呼吸，吸入芳香精油的味道，讓燭光為你帶
   來充滿魔法的心情。

5. 把斑彩石放在額頭上。閉上雙眼。想像它的螺旋結構與你的內
   心深處產生共鳴。這個螺旋結構代表不斷展開的生命奧祕。這
   些奧祕現在就在你心中和四周的水中。

6. 冥想螺旋和水波約十五分鐘。感受你周圍充滿了海洋中黑暗又
   神祕的暗流。每當你要分心的時候，就把思維拉回螺旋形狀的
   部分。

7. 你可能會發覺你體驗到了一種旋轉的感覺。深入挖掘這種感
   受，讓自己成為永無止境的創造力螺旋的一部分。

8. 之後，擦乾身體，清空浴缸，就可以開始進行你的魔法工作了。

沐浴儀式並不是為了清潔你的肉體，而是用於魔法目的。你也
可以在沐浴前先淋浴把自己洗乾淨，這樣就可以充分享受靈性上的
沐浴儀式了。

消除悲傷的法術

　　綠松石可以吸收能量，所以它非常適合用來消除物質和靈性層面的多餘情緒還有振動。這個法術可以幫助人們克服揮之不去的憂鬱和無謂的情緒或者思慮。它也能幫助人們從持續帶來困擾的過去事件中走出來。

1顆綠松石
1個帶蓋的黑色盒子

1. 為綠松石淨化、補充能量，並且賦予它吸收悲傷情緒的力量。

2. 找到一個不會被打擾的地方坐下。最好是有陽光的明亮場域。

3. 觀想出你自己的氣場。如果你正處於情緒痛苦之中，你會看到或者感受到自己的氣場上有模糊或者黯淡的圓點。請注意這些圓點的位置。

4. 把綠松石放在以下步驟所列出的身體部位，同時念誦相應的咒語。觀想你身體中的所有陰暗能量都被綠松石吸收，並且保存在裡面。

5. 腳：*我用這塊寶石消除腳上的所有悲傷，這樣我就可以在愛和信任中走向我完美的人生道路。*

6. 大腿：*我用這塊寶石消除腿上的所有悲傷，這樣我就可以帶著力量和勇氣邁向我的未來。*

7. 肚子：*我用這塊寶石消除身體中心的所有悲傷，這樣我就可以顯化所有願望並且了解我的價值。*

8. 心臟：我用這塊寶石消除心中的所有悲傷，這樣我就可以在不帶有任何恐懼和評判的情況下愛與被愛。

9. 喉嚨：我用這塊寶石消除聲音中的悲傷，這樣我就可以自由地說出最真誠的話語。

10. 三眼輪：我用這塊寶石消除第三眼的悲傷，這樣我就可以清晰地發送和接收靈性資訊。

11. 頂輪：我用這塊寶石消除精神中的悲傷，這樣我就可以毫無疑慮地體驗宇宙的奧妙。

12. 雙手：我用這塊寶石消除雙手的悲傷，這樣我就可以為我所接觸的一切事物製造快樂。

13. 把綠松石放入黑色盒子裡，蓋上蓋子。花些時間感受你淨化之後的身體。你這時應該會感到輕盈且充滿希望。

14. 將綠松石埋在地下讓它得到療癒，然後在下一個滿月的時候為它賦予力量，之後就可以再次使用了。但用過的盒子要丟掉。

如果你了解脈輪系統的話，也可以把綠松石放在每個能量中心並冥想相關的顏色來進行這個法術。

放下過往的法術

這個法術會用到霰石和其他自然物品來代表那些阻礙你充分發揮潛力的過往事件。當你難以走出過去的關係或者難以忘記曾經的痛苦時，可以使用這個法術。這個法術用到的用品都很尖銳鋒利，且都是死去的事物，它們用來代表過去發生的負面事件。

1張紙

筆

一小部分乾枯的樹枝

薊草或者其他多刺植物的1片葉子

鋒利的石頭

1顆霰石

1. 把所需材料在聖壇上準備好。

2. 在紙上寫下你想要擺脫的一切事物，不要有所保留。這些事物可以是你想擺脫的情形、想甩掉的人，或者是你能想到的任何事情。然後把這張紙平放在聖壇上。

3. 把乾枯的樹枝放在紙的中心，說：「*這些就是一直讓我感到無能為力的事情。我釋放這些感受。*」觀想讓你有這種感受的人或者狀況，並在精神上把這種感受和能量轉移到樹枝上。

4. 把帶刺的葉子放在樹枝上，說：「*這些就是我一直以來感受到的痛苦。我釋放這些感受。*」然後觀想讓你有這種感受的人或者狀況，並在精神上把這種感受和能量轉移到樹葉上。

5. 把鋒利的石頭放在紙上，說：「*這些就是所有讓我難以忘懷的恐懼。我釋放這些感受。*」然後再次觀想。

6. 現在這些乾枯的樹枝和石頭都已經充滿你過去的痛苦和恐懼，也充滿了憤怒而混亂的能量。

7. 把霰石放在這堆植物的頂部，觀想它正在讓那些激烈的能量變得舒緩，那些能量就像火被水澆滅一樣慢慢消失。水晶的光芒最終清除了你注入其他物品的所有能量。

8. 用那張紙把這些混合物牢牢地包起來。

9. 去到流動的河流或者水體附近。把紙打開，讓裡面所包裹的東

西和湍急的流水一同流走，讓這些東西與其過去帶來的影響永遠離開你。最後燒掉或者丟掉這張紙。

你也可以把其他代表過去的物品添加到這個法術中，只要它的成分是可以生物降解的就沒問題。這個法術可能會激發出難以釋放的情緒，所以法術結束之後請善待自己。

雲母正念冥想

在這個冥想法術中，你會創造出適合正念冥想且充滿愛和滋養的空間。正念會讓你專注於當下，專注於自己和周邊環境，從而帶來寧靜而平和的心態，並且讓不受控制的念頭平息下來，緩解焦慮。帶著意圖創造出充滿愛的空間，然後在這個空間內正念冥想，你會感到耳目一新，充滿活力。

1張柔軟的毯子
3個淺藍色蠟燭
鮮花
你最喜歡的薰香
1顆雲母

1. 找到一個舒適的地方，或坐或躺在毯子上。把蠟燭、鮮花、薰香和雲母石放在你看得到的地方。
2. 點燃蠟燭和薰香，把自己調整到最舒服的狀態。
3. 深呼吸五次，放鬆下來。
4. 深深地注視柔和的火焰和彩色的花朵。呼吸時吸入你最喜歡的

薰香氣味。每當有別的念頭闖進你的腦海時，都要把思緒拉回來，只專注在眼前能看到的事物上。注視蠟燭的影子在牆壁上柔和地舞動，以及火焰的閃爍和蠟燭舒緩的藍色。

5. 把注意力轉移到鮮花上，對每一朵花都充滿欣賞和感激，注意看花瓣的樣子，以及花瓣的生長模式是如何符合神聖幾何學的。

6. 把注意力轉移到薰香的煙霧上，注意到煙霧在空氣中柔和的起伏和美妙的氣味。

7. 把注意力轉移到柔軟的毯子上，感受它貼在你皮膚上的觸感。

8. 把雲母放在蠟燭的火焰上方，讓它吸收火焰溫和的熱量，再穿過薰香的煙霧，讓它充滿美妙的香味。再讓雲母觸碰花朵，賦予它帶來美麗的力量。然後注意感受雲母在你手中的感覺。

9. 花十分鐘的時間來體驗這樣的正念冥想，只關注在你所看到、感受到和聞到的事物上。當你分心的時候，就把思緒帶回當下，關注在當下美麗和柔軟的環境上。

10. 結束之後，吹滅蠟燭。把雲母石帶在身上。每當你感到分心、混亂或不知所措的時候，就找個安靜的地方，拿著雲母深呼吸。它已經吸收了蠟燭、鮮花和薰香的平和能量。和雲母石一起冥想，就可以再次喚起這些感受。

你也可以用任何讓你感到開心、喜悅和放鬆的事物來代替這些用品。每個人的感受都不相同，所以你可以盡情添加讓你感到快樂和平靜的事物。

社交媒體護身符

社交媒體能帶來很多樂趣，但它也會對你的情緒健康帶來負面影響，如果你把自己的生活和他人在網路上經過精緻編排而展示的生活進行比較，它的負面影響就會更加強烈。這個法術創造出的護身符，可以在你瀏覽社交媒體時保護你的自信心。當然你自己也要留心從網路上吸收的內容，要提醒自己記得取消追蹤或者封鎖任何讓你感到不舒服的內容。

橄欖石戒指，戴在你用來滑手機的那隻手上
聖杯
月亮水
1小塊纈草根，晒乾或新鮮的都可以
1片新鮮的檸檬片

1. 為你的戒指淨化並賦予它驅散嫉妒和不自信情緒的能量。

2. 在虧凸月期間把所有要用到的材料都放在陽光充足的地方。

3. 用月亮水填滿聖杯。

4. 把纈草根拿在手中，放在陽光直射的地方，說：「*能鎮定灼痛的纈草根，請為我的戒指帶來自信。*」觀想它吸收了陽光，帶著柔和而療癒的光線在跳動。把它放在聖杯裡。

5. 把檸檬片放在太陽下，感受它正在釋放出明亮的能量，說：「*明亮的黃檸檬片，請過濾我視野中的一切。*」擠壓檸檬片，讓檸檬汁進入聖杯中。

6. 現在聖杯中的液體已經充滿舒緩的力量，它帶有來自纈草的平和能量、來自陽光的自信能量，和來自檸檬的樂觀能量。

7. 把橄欖石戒指放在聖杯中，讓它在日光下靜置一小時。

8. 從聖杯中取出橄欖石戒指戴在手上，把水倒進大地。戒指會幫你扎根於現實生活，並且為你過濾社交媒體帶來的感受，保護你的自信，為你驅散嫉妒和自卑。

在陽光下進行這個法術可以幫你看清現實，舒緩不安全感。如果你沒有聖杯的話，也可以用碗或其他杯子。月亮水是在滿月期間放在室外吸收滿月能量的水。

社交充電法術

長時間社交是個和他人分享能量的過程，但可能會讓你感到非常疲憊，讓你需要更多獨處時間。對於那些內向的人來說，這種感覺會更加強烈，他們會感到極度不適。這個法術創造出的護身符，可以讓你在社交之後恢復精力，也可以在日常生活中幫助內向的人充電。

1 小顆紅碧璽
蠟紙或者托盤（非必需）
半透明的烤箱黏土（工藝品商店就能買到）
銅屑
幾顆小的白水晶

1. 為紅色碧璽淨化、補充能量，並且賦予它社交力量和幫助情緒恢復的能力。

2. 把需要的材料準備好。因為要用到黏土，你可能會想在蠟紙或者托盤上操作。

3. 請在你感到健康、精力充足和情緒正向的一天開始法術。取一塊拇指大小的黏土，用手指揉捏直到它變得柔軟。揉捏黏土的時候，想像你正在通過指尖把當前平和的情緒送進黏土裡，讓它充滿能量。

4. 把紅碧璽加入黏土一起揉搓，讓它成為黏土的一部分。觀想水晶為黏土帶來了另一層充滿力量和堅韌的能量。

5. 把銅屑也揉進黏土中，觀想它正在放大黏土中的能量。

6. 把白水晶加入其中。

7. 把黏土製成底部是方形的金字塔形狀。它看起來可能並不完美，但那樣也沒關係。只要努力做出金字塔的形狀就好。

8. 根據黏土包裝上的說明烘烤做好的金字塔。

9. 進行社交活動的時候隨身攜帶這個金字塔。在需要的時候，找個安靜的地方，用手指揉搓做好的金字塔，感受材料的魔力和金字塔的形狀相結合，像電池一樣正在為你充電。

金字塔的形狀放大了紅碧璽、白水晶和銅的能量。你可以在滿月的時候把金字塔放在戶外補充能量，就像對待其他水晶一樣。

帶來平和的法術

這個法術使用了藍紋瑪瑙的能量，能為家中帶來平和與寧靜。無論你是獨居還是和別人一起住，都可以使用這個法術為你的空間帶來寧靜感。法術結束之後無論走到哪裡，你的內心都會充滿寧靜。這個法術適合在盈凸月期間進行。

用來雕刻蠟燭的大頭針或者其他尖銳物體

1個有燭台的淡藍色蠟燭

1顆藍紋瑪瑙

1. 準備好需要用到的物品，你也可以將所有物品圍成圓圈。

2. 用大頭針在蠟燭上從上到下刻出「平和」（peace）。然後，握住藍紋瑪瑙，感受它平靜且充滿愛的能量。

3. 用藍紋瑪瑙在藍色蠟燭表面輕輕摩擦。想像瑪瑙為蠟燭和雕刻的文字帶來了舒緩的藍色光芒。

4. 觀想你想要的結果，想像它呈現出來的時候和你希望的一模一樣。把蠟燭放進燭台，然後把藍紋瑪瑙放在底座上。

5. 點燃蠟燭，雙手靠近火焰，感受到它散發出溫暖滋養的能量，說：「*溫暖的火焰和充滿愛的寶石，請為我的家帶來平和與寧靜。請在此處傳播你溫柔的靈性，讓這裡保持平靜和滿足。*」然後把手放下。

6. 想像蠟燭散發出淡藍色的光球，逐漸變大，充滿了你的家。觀想藍色的光逐漸擴大，彌漫到你的四周，然後向外擴散到每一個房間。它能流入每一個角落和縫隙。讓光芒不斷擴大，直到它溢出門窗。

7. 你可以讓蠟燭一次全部燃盡，也可以每天只點燃幾分鐘，然後在蠟燭點燃期間觀想你的意圖。蠟燭熄滅以後，把藍紋瑪瑙放在家裡，它會繼續散發寧靜的能量。

這個法術特別適合用在經歷了一段緊張的時期之後、大病初癒，或者家中發生過爭執之後。

帶來健康的水晶陣

這個水晶陣可以為你的身體吸引健康能量，並讓這種能量充滿你的空間。它有助於減輕家中的疾病或者讓家中的能量更有活力。強大的身體能量可以防止你變得死氣沉沉並且對你的心靈健康也有好處。這個水晶陣要用到的圖案是梅塔特隆立方體。你可以畫出健康的象徵來簡化這個法術，例如在紙上畫出太陽、盛開的花朵或者張開雙臂的人。

1張寫有你健康意圖的紙
「梅塔特隆立方體」模板
1大顆虎鐵石
6根小水晶柱
6顆紅玉髓
魔杖或者巫刃

1. 找到一個不會被人和動物打擾的地方來存放水晶陣。

2. 在紙上畫出健康符號或者寫下具體意圖的時候，觀想自己還有和你一起生活的人都身體健康、心靈愉悅。如果你擔心某種特定疾病的話，可以觀想疾病都已經被成功抑制了。

3. 把紙放在梅塔特隆立方體的中心，然後把虎鐵石放在上面。這就是你的主水晶。虎鐵石代表了身體力量和戰勝逆境——包括危害到健康的逆境。

4. 在虎鐵石周圍的六個圓圈中放上水晶柱，尖端指向虎鐵石。這就是你的錨定水晶。

5. 在水晶陣外圈放上六顆紅玉髓。這些就是你的願望水晶。

6. 用你的魔杖或者巫刃在水晶上方勾畫出水晶陣的紋路。同時觀想你的目標，並確保把所有的線條都連結在一起。

7. 感受水晶真正在發出充滿活力和健康的力量，然後想像這種力量充滿了四周。

你可以把這個水晶陣放在任何需要恢復健康的人的臥室。但是處理健康問題時，除了製作水晶陣，請務必尋求專業的醫療建議。

帶來健康的魔法陣

帶來健康的女巫瓶

女巫瓶也叫作魔法瓶，自古就會用在巫術中。女巫瓶對女巫有很重要的意義，她們會把自己的意圖密封在瓶中。在這個法術裡，丁香可以帶來和諧、月桂葉會帶來內心的力量，迷迭香能促進身體健康。這個女巫瓶可以放在家裡，為你的身體和房間帶來健康。

1枝薰香棒
帶瓶蓋或者塞子的玻璃瓶
1顆太陽石
1顆紅瑪瑙
1顆黃水晶
丁香樹的花或者葉子
乾迷迭香
3片月桂葉
1束你自己的頭髮

1. 把所有材料準備好，放在聖壇上。

2. 點燃薰香。用煙霧在準備好的用品四周畫圈，順時針移動，就像在攪拌一大鍋湯一樣。畫圈的時候，反覆念誦：「*健康、幸福、力量。身體、心思和靈性。*」吟唱的時候，把你的節奏和畫圈的動作結合起來，直到你感受到能量的提升。

3. 把薰香放在一旁。把需要的物品一個個放進罐子裡。這樣做的時候，花一點時間觀想每件物品的意圖和能量。最後再放進你自己的頭髮。

4. 蓋上罐子。

5. 把罐子置於陽光可以直射的地方一天，讓它吸收太陽充滿活力的光線。

6. 然後把罐子放在家裡你每天都可以看到至少一次的地方，這樣你每天都可以感受到它的能量。每當你靠近它時，觀想它正在發出明亮又正向的橙色能量。

7. 每個月都要把罐子放在陽光可以直射的地方，為它補充能量。

女巫瓶可以用來達成任何目標。你也可以發揮創意，使用適合吸引愛、成功、保護和其他意圖的材料來製作女巫瓶。最好能使用你認為有美感的瓶子來製作魔法瓶。

打破壞習慣的堇青石法術

如今人們常常用各種不健康的生活方式來麻痺自己，逃避現實。壞習慣包括沉溺毒品、網路，或者其他有重複性和破壞性的行為，這些會在身體上和精神上摧毀我們。當你發現自己養成了對健康有害的壞習慣並且想打破惡性循環的時候，適合使用這個法術。

2個帶蓋的罐子
1茶匙白糖
1把火焰燃燒後剩下的灰燼，或者鵝卵石
1杯水
1塊粗棉布
1條橡皮筋
1顆堇青石蛋

1. 把所需用品在聖壇上準備好。

2. 把白糖放進其中一個罐子裡，把灰燼或者鵝卵石裝進另一個罐子裡。

3. 把一杯水加入有鵝卵石或者灰燼的罐子裡。水代表了你的身體和心靈，灰燼則代表你的壞習慣。把蓋子蓋好，搖晃罐子。觀察灰泥是如何汙染水，讓水變得混濁且難以看穿的。觀想它就是影響你健康的壞習慣。

4. 把粗棉布放在裝有糖的罐子上，用橡皮筋把它固定好。

5. 小心地讓髒水通過粗棉布倒入裝有糖的罐子裡，濾出所有碎屑。裝進罐子的就是乾淨水了。

6. 把裝有白糖的罐子和清水一起搖勻。觀想白糖在水中注入了甜美和平靜的能量。這種乾淨而甜美的水就代表你擺脫了壞習慣的新生活。

7. 把菫青石蛋放在清水中，靜置一小時，之後再拿出來。

8. 用雙手握住菫青石。蛋的形狀象徵著新生活和新開始。菫青石本身會賦予你力量，讓你克服阻礙你前進的壞習慣，讓你保持堅強，繼續奮進。

9. 要定期和菫青石一起冥想，冥想時兩手交替握著它，觀想全新且健康的自己正在成長。最後把水和其他材料都扔掉。

這個法術最適合在虧凸月期間進行。你也可以把菫青石蛋放在枕頭下睡覺，這樣就可以吸收它充滿活力和希望的能量。

綠碧玉茶法術

這個法術結合了草藥茶的藥理特性和綠碧玉的魔法能量。這樣的茶可以每天都喝，也可以在你需要健康能量的時候喝。這是多

用途的保健茶，但如果你對草藥非常了解的話，也可以製作出自己的茶，或者簡單地用你最喜歡的袋裝茶來完成這個儀式。開始喝草藥茶之前要記得尋求醫生的建議，因為它可能會干擾其他藥物的作用，也可能使某些疾病更惡化。

草藥可以根據你特定的需求來選擇，以下是一些建議：

- 洋甘菊：休息
- 紫錐花：增強免疫系統
- 接骨木花：增強抗氧化物質
- 生薑：腸道問題
- 木槿：高血壓
- 薄荷：消化道問題
- 玫瑰果：炎症
- 鼠尾草：促進大腦健康

1顆綠碧玉

1. 把乾草藥放在杯子或者茶包中。

2. 煮沸足夠裝滿一個杯子或者小茶壺的水。

3. 水開後倒入杯中。讓草藥浸泡十分鐘。

4. 把碧玉加入茶裡。

5. 如果你想要加入牛奶和糖，就在這一步添加。

6. 雙手握住杯子，感受茶的溫暖。閉上雙眼，呼吸茶的香氣。想像它散發出的熱氣充滿了健康能量，正在散發出溫暖的光芒，它冒出的水氣也帶有療癒的振動。

7. 取出綠碧玉。

8. 在安靜的地方喝茶，喝茶的時候可以保持冥想和正念。感受到茶進入你的胃部，然後把它的益處在你的血管中傳播。想像茶

的熱量正在幫你處理和淨化所有健康問題。

9. 觀想自己從內到外都得到了淨化，充滿了能量。

如果你喝的是散裝茶而不是茶包的話，可以在喝完之後解讀茶葉的符號。

波吉石的平衡冥想

我們每天都面臨如何在工作和玩樂、運動與休息、思考與行動之間取得平衡的挑戰。成對的波吉石能量非常適合幫助你在生活的各個方面取得平衡。陰性波吉石帶有接收的能量，陽性波吉石則帶有行動的能量。可以試著把波吉石拿在手中，感受兩者不同之處。

1個黑色蠟燭
1個白色蠟燭
1顆陰性波吉石
1顆陽性波吉石

1. 坐在你的聖壇前，點亮兩個蠟燭。蠟燭的顏色截然相反，但散發出的能量同樣有力量。

2. 把陰性波吉石放在左手，陽性石放在右手。

3. 讓波吉石的振動進入你的身體。感受能量從陰性波吉石流入手中，然後進入胳臂直到頭部。同時，感受陽性波吉石把能量從頭部一直拉到你的右臂，然後從掌心中送出。這兩顆石頭在接收和發送的平衡之中一起工作，讓能量流入又流出你的身體。

4. 盡量久坐，感受波吉石吸收了正向能量，然後再把正向能量釋

放出來。如果你感受到能量上的阻礙，就交換兩手中的波吉石。

5. 如果你發覺自己在走神，就把注意力帶回到寶石上，關注給予和接收的能量流經你的身體。這條貫穿身體的能量之河能平衡心靈、淨化身體，增強你的靈性。

6. 冥想結束之後，把波吉石分別放在兩個蠟燭的底部——只要你感覺沒錯，怎麼放置都可以——然後吹滅燭火。

每當你因為過度給予或者過度索取而感到不知所措時，吸收了太多他人的能量時，或是過度使用自己的能量時，都可以用波吉石的冥想來喘一口氣。

療癒女巫娃娃

黏土、蠟還有布娃娃在巫術中很常見，但經常被誤解，也常常被描述成負面的形象。其實，女巫娃娃可以用於任何目的，且非常適合關於療癒的法術。這個法術可以使用女巫娃娃向需要它的人發送強烈的療癒能量。

風乾黏土
需要被療癒者的小物件，或者1束他們的頭髮
1小顆被賦予療癒力量的白水晶
1塊柔軟的白布

1. 在開始法術之前，要取得法術所針對那個人的許可。

2. 這個法術適合在盈凸月或者滿月期間進行。

3. 用黏土做成一個人形。捏黏土的時候，觀想需要療癒的人。這

個時候念出他們的名字也很有幫助，一定要在心中想著他們的臉。把黏土娃娃的髮型、體型和整體外觀捏出來。

4. 把他們的頭髮或者屬於他們的物品揉進娃娃裡。這樣做就給娃娃和需要療癒的人之間建立了連結。

5. 娃娃做好之後，把它放在聖壇上。

6. 把白水晶握在手中，向著月亮舉起來，最好能透過水晶看到月光。說：「*溫柔的月光，充滿愛的光，我用這塊水晶呼喚你，請你通過這塊水晶送來療癒能量，讓〔名字〕治癒他們的病痛。*」

7. 用力把水晶壓進黏土娃娃裡，最好是放在被療癒者遭受病痛的身體部位。這時水晶就會把乳白色的療癒月光直接帶給娃娃，同時也會把治癒的能量直接傳達給它所代表的人。

8. 讓娃娃晾乾。用柔軟的白布把它包裹好藏起來，直到疾病治癒再拿出來。

　　白水晶還被稱作療癒能手，所以我們會在這個法術中使用它。但是，你如果了解其他水晶不同的療癒能力，也可以使用更有針對性的水晶。

薩溫節：
來自逝者的訊息

這個儀式是為了歡迎逝者的仁慈靈魂來到你的空間，這樣你就可以收到來自他們的訊息了。人們認為人類頭骨能在生者和逝者之間創立一條管道。逝者無所不知，可以通過多種尊重他們的方式聯絡到他們，水晶頭骨就是其中之一。

1條（9英尺〔274.32公分〕的）黑色繩子，把兩端繫在一起
巫刃
1杯酒或者果汁
1杯來自墓地的泥土
1個白水晶頭骨
1枚錢幣

1. 天黑之後在戶外把需要用到的材料都準備好。

2. 用繩子在地上繞成一圈，把要用到的材料都圍在裡面。站在圓圈裡，面朝東方，用巫刃或者食指順時針沿著圓圈的周邊畫圈，同時說：「這個魔法圈將在儀式期間保護我，依靠元素的力量，有害的靈體不會跨越這條界線。」最後在面朝東方的位置結束。

3. 坐在圓圈裡，把酒杯放在對面，就好像你面前坐著一個人一樣。

4. 用墓地的泥土在你和酒杯之間做出一個小土堆。把水晶頭骨放在土堆上。

5. 把酒杯舉向夜空，說：「*逝者的強大靈魂，我邀請你進入我的魔法圈。心中充滿愛和尊重，我向你致敬。*」然後把酒倒在地上作為供品。

6. 雙手拿起水晶頭骨，看著它的臉，說：「*親愛的祖先和仁慈的陌生人，我邀請你透過這顆水晶與我對話，我願意傾聽你的訊息，我全心接受你的引導。*」

7. 凝視水晶頭骨。讓自己完全放鬆。你也可以閉上眼睛，接受來自靈魂的傳訊和圖像。要注意你感受到、聽到、看到和聞到的東西。所有這些感受都有可能是來自逝者的訊息。

8. 當你處於這樣的接收狀態時，就會理解這些感受都意味著什麼，如果你擅長冥想的話，這個過程就更容易。你也可以把感受記下來，事後再解讀。

9. 完成之後，把錢幣放在墓地泥土上，然後說：「*最親愛的逝者，感謝你的智慧以及與我的連結。*」

10. 再次用巫刃在地上畫出圓圈，這次按照逆時針方向畫圈，意味著除去原本的圓圈。

11. 清除所有材料，只留下錢幣和墓地泥土；把它們留在原地。

　　墓地的泥土就是從墓地之處帶著恭敬的心情取來的泥土。在蒐集墓地泥土時，一定要留下給逝者的供品，例如水晶、錢幣或者鮮花。

尤爾節：冬至樹水晶

　　在冬至裝飾常綠樹的傳統可以追溯到幾千年前。把生機勃勃的樹搬進屋內再用色彩繽紛令人開心的小物裝飾它，一直以來都是在寒冷黑暗的月分期待太陽回歸的象徵。水晶也可以當作裝飾物用來代表你對未來的願望，以下是關於裝飾水晶的建議。

　　這些水晶具有以下意圖：

- 紫水晶：通靈能力
- 黑碧璽：保護
- 紅玉髓：創造力
- 黃水晶：個人力量
- 白水晶：靈性覺知
- 紅碧玉：物質生活的穩定
- 粉水晶：愛
- 蘇打石：溝通

1卷細線
冬至樹

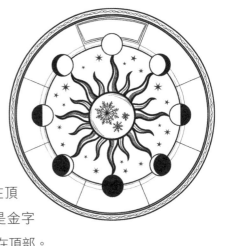

1. 用細線把水晶牢牢包裹起來，在最後做成一個環狀，以方便懸掛。

2. 裝飾冬至樹的時候，先掛上傳統裝飾品，最後再放水晶。把水晶放在樹的頂部，大約在頂端星星或者天使的下方。樹是金字塔的形狀，能量最強的地方就在頂部。

3. 把水晶掛在樹上的時候，根據水晶的種類說出以下確認語句：

紫水晶：我相信我的通靈感覺。

黑碧璽：我的家、我的親人和我都被保護著，我們都很安全。

紅玉髓：創造力的火焰在我心中燦爛燃燒。

黃水晶：我顯化了我需要的一切。

白水晶：我的靈性不斷增長，沒有界線。

紅碧玉：我擁有舒適生活所需要的一切。

粉水晶：我被愛著，我也愛著所有人。

蘇打石：我永遠說最真誠的話。

4. 觀想各色水晶像彩虹一樣的能量聚集在樹梢，從樹的頂端發射出美麗的五彩光芒，這種光芒直衝宇宙，能讓你的願望順利地顯化。

你可以把尤爾節水晶和其他節日裝飾品一起存放，每年重複這樣的儀式。請記得在十二月的滿月期間為這些水晶淨化和補充能量。

聖燭節／立春：巫術結儀式

聖燭節是為了迎接春天的溫暖和光明所舉行的儀式。這個儀式利用了聖燭節的能量，把它和巫術結融合在一起。巫術結是把能量固定到手工結或者緞帶裡製成的，這樣就可以把它和你的靈性連結在一起。

1個紅色蠟燭
1個白色蠟燭
1個黑色蠟燭
1顆水晶金字塔
1條1英寸（2.54公分）的紅色
繩子
1條1英寸（2.54公分）的白色
繩子
1條1英寸（2.54公分）的黑色繩子

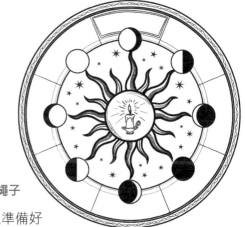

1. 在聖燭節的早晨，在聖壇上準備好所有材料。

2. 把蠟燭圍繞金字塔按照三角形的樣子擺放。

3. 點燃蠟燭，說：「*在這一天，我點燃火焰，請求大地甦醒。在黎明到來的時候，成長也將迎來黎明。*」

4. 注意火焰是如何在金字塔的表面反射的。觀想蠟燭的熾熱能量流入金字塔底部，並集中到金字塔的頂端。

5. 用紅色繩子觸碰紅色蠟燭，說：「*熊熊的火光，請為我的生活帶來健康。*」然後觀想自己的健康目標實現的樣子。

6. 用白色繩子接觸白色蠟燭，說：「*熊熊的火光，請為我的生活帶來靈性。*」然後觀想自己的靈性修行變得積極又充實。

7. 用黑色繩子接觸黑色蠟燭，說：「*熊熊的火光，請為我的生活帶來保護。*」觀想自己在接下來幾個月裡免受所有傷害的樣子。

8. 把三根繩子繫在一起，這樣就可以把三種能量結合起來。接下來，把三根繩子編織成繩帶，編織的時候，同時念誦：「*大地正在甦醒，光明即將來臨，我的三個願望也在成長。*」

9. 把繩子編織到最尾端的時候打個結，這樣繩子就不會散開了。

把編織好的總帶輕輕放在水晶金字塔的下方。這樣金字塔不但可以加強聖燭節的神聖之火，也能增強你的願望。

這個法術用途非常廣泛，你可以改變願望讓法術更符合你的意圖。紅色、黑色和白色是聖燭節的傳統顏色，但你可以使用任何你喜歡的顏色。

奧斯特拉／春分：
奧斯特拉的占卜禮物

這個法術結合了占卜和送禮物。在這個法術裡你可以使用任何水晶和寶石，只要你知道它們的涵義就可以。這個法術可以幫你的朋友預測接下來夏季和秋季的能量。即使是不相信女巫的人也會喜歡這個有意義的禮物。

彩色紙條
筆
少許塑料的空心蛋，或者其他更環保的替代品
各種水晶，每種對應一顆蛋
針織袋

1. 在每張紙條上寫下：「這個春天你要用來預知未來的水晶是〔水晶名字〕，它是含有〔水晶意義〕能量的寶石。」例如，「這個春

天你要用來預知未來的水晶是黃鐵礦，它是含有繁榮能量的寶石。」請記得寫下的話要保持積極正向。（以下是一些關於水晶的建議，也可以參考這本書的第三章。）

- 紫水晶：靈性
- 血石：機會
- 藍紋瑪瑙：平和
- 紅玉髓：熱情
- 黃水晶：喜悅
- 碧玉：穩定
- 白水晶：個人力量
- 粉水晶：友誼

2. 把紙條捲起來，分別和對應的水晶一起放進塑料蛋裡。想送多少禮物，就準備多少這樣的水晶蛋。如果你想要送很多人，有些人可能會收到相同的寶石喔！

3. 把所有裝有水晶的蛋都放在陽光下。觀想水晶蛋沐浴在春光之中，吸收了春天充滿希望和活力的精華。這時說：「*在這個神聖的日子裡，我請求太陽、大地和春分的力量，讓希望、喜悅和祝福充滿這些蛋，把這些能量帶給打開蛋的人。*」

4. 把所有的蛋放在同一個袋子裡。

5. 走到每個人身邊，讓他們從袋子裡摸出一顆蛋。他們打開蛋的同時，也收到了來自春天的禮物。

如果你不能親自分發，可以把蛋郵寄給你在乎的人。這些蛋全都充滿了正向的歡樂訊息，完美地契合了春分的樂觀寓意。

精靈節／五朔節：關於露水和火的儀式

在這個儀式裡，太陽石用來代表行動力和自然界中主動那一端的能量，月光石代表內省的心態和自然界中接收的一端。統一這對立的兩極而創造新的開始就是精靈節的意義。在這樣的節日中適合設定關於愛、吸引力、生育力和受孕的意圖。這些意圖可以是物質層面的、情緒方面的，也可以是靈性上的。這個儀式需要在戶外完成。

1顆月光石
1顆太陽石
挖土用的泥鏟
預先蒐集的各種野花

1. 人們認為精靈節的朝露帶有魔法能量。在這天的黎明時分來到戶外，讓你的月光石接觸大地上聚集的水分。這樣做的同時，請為你的月光石賦予大自然肥沃而富有創造力的能量。

2. 太陽升起的時候，讓太陽石吸收明亮的日光能量，為太陽石賦予大自然生機勃勃充滿活力的力量。

3. 找一個安靜的地方，準備好你要用到的材料。呼吸時吸入新一天的溫暖和芬芳氣息。用泥鏟在地上挖一個小洞，洞的大小要

足夠埋進兩顆寶石。這個洞代表了讓新生活茁壯生長的子宮。

4. 雙手放在洞裡，感受大地涼爽而穩定的能量，說：「*充滿滋養能量的大地，你是我們慈愛的母親，我請求你為我的計畫和想法充當容器，讓它們健康地成長。*」

5. 右手拿太陽石，左手拿月光石，感受兩者相反但同樣有力的能量。慢慢將兩顆石頭靠近彼此，直到互相接觸。觀想一個巨大的能量火花在結合之處爆炸出來。這時說：「*太陽和月亮、火焰和流水、想法和成長，全部結合在一起。我們在一起就是一個整體。*」

6. 小心地把石頭放進地上的洞裡，放進去的時候要確保兩顆石頭互相接觸。

7. 讓泥土包裹在石頭的頂部。用鮮花環繞這個地方，圍成小圓圈，同時說：「*我的夢想和行動匯聚在一起，它們在大地的子宮裡安全地發芽。*」

8. 結束之後離開這個地方。

　　成長在黑暗中開始。你的意圖會隨著時間繼續發展和顯化，就像種子的生命是從地下開始的那樣。

仲夏節／夏至：
鮮花儀式

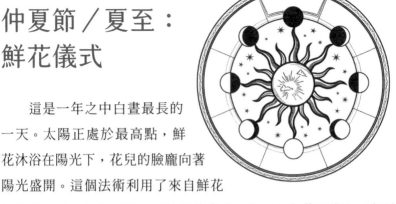

　　這是一年之中白晝最長的一天。太陽正處於最高點，鮮花沐浴在陽光下，花兒的臉龐向著陽光盛開。這個法術利用了來自鮮花的歡樂能量，是慶祝夏至日的絕佳方式。你可以在花園進行這個法術，或是任何有花的地方。這個法術中用到的水晶都和鮮花一樣，帶有歡樂、美麗和情感表達的能量。

> 從以下寶石中選擇一部分或全部：貓眼石、粉水晶、菊花石、孔雀銅礦、拓帕石、白水晶、黃水晶、拉長石、蛋白石
> 用來裝水晶的碗或者籃子
> 來自堆肥的全天然肥料或者健康的土壤
> 1枝薰香棒
> 1個盒子或者袋子

1. 在夏至日中午，太陽最高的時候，把水晶放在碗裡。用天然肥料覆蓋它們，然後輕輕混合在一起。這樣做的同時，觀想你的水晶充滿了來自肥沃土壤的豐富能量。

2. 把裝在碗裡的水晶和薰香帶到有花的地方。不同花朵的涵義也非常複雜，但在這個法術裡，你可以把它們共同的能量當作幸福的表現。

3. 點燃薰香。把水晶舉向天空，説：「*在這最明亮的一天，在這最明亮的時刻，我為這些水晶賦予為鮮花帶來榮耀的力量。*」

4. 靠近距離你最近的花朵，在它根部的位置放上一顆水晶，然後撒上一些肥料。把薰香棒當作魔杖，在花朵四周畫上一圈煙霧，同時感受內心的幸福。

5. 用剩下的水晶選擇其他花朵重複這一步，直到用完所有水晶。

6. 在有充足陽光的地方躺下，如果可以的話，冥想太陽是如何讓大地發芽開花的，就像它為你的身體和能量所做的一樣。觀想鮮花在你全身盛開的樣子，這代表了你即將實現的目標和願望。

7. 之後，把所有水晶收起來放回碗裡。撿起水晶的時候，請一定要對花表達感謝。讓肥料留在原地。

8. 把水晶存放在專屬的盒子或者袋子裡，讓來自鮮花的能量安全地保存在其中。

從法術結束到下一個夏至，你可以用這些水晶感受來自夏日花朵歡樂而豐盛的能量。這樣做可以為你的魔法增添力量，也可以在你情緒低落時幫助你冥想。

收穫節／立秋：感恩大地的儀式

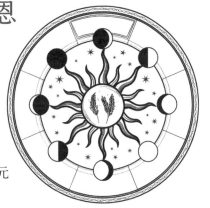

立秋在傳統上是收穫穀物的節日，也是對大地和太陽所生產的一切表達感激的時候。這是個感謝大地的簡單儀式。在現代巫術中，土元

素既代表食物，也代表金錢、家庭和安全，所以在進行這個儀式的時候可以考慮到這些因素。

> 1張紙
> 筆
> 1把乾玉米粒或者種子
> 耐熱的盤子
> 打火機
> 1顆帶有大地之愛的水晶，例如鉻雲母、棕色碧玉、紅寶石、綠碧璽，或者綠簾花崗石

1. 把你從聖燭節到現在所收穫的東西列出一張清單。這些事物可以是字面意義上的收穫，例如用於魔法的草藥或者花園裡的食物；也可以是現代社會中的收穫，例如金錢、財產或者工作。

2. 現在，用玉米粒對清單上的各項物品表達感謝。拿起一粒玉米或是種子，把它舉向太陽，說：「*我感謝元素為我帶來〔清單上的一項收穫〕。*」然後把玉米粒放在耐熱盤裡。用玉米粒重複這一步，直到完成列表上的所有事物。

3. 把紙捲起來點燃，讓灰燼落入盛有種子的耐熱盤裡。這些灰燼讓種子充滿了你的感激之情。

4. 把你選擇的水晶放在灰燼上面。把盤子帶到戶外，可以帶到你的院子裡，也可以帶去樹木繁茂的地方。

5. 說：「*水和風、大地和太陽，生長的季節就要結束了。我感謝你們為我帶來的一切，我感謝你們讓我擁有的一切，也感謝你們即將為我送來的一切。*」

6. 把種子和灰燼放在地上，水晶放在中央。

7. 這顆水晶會留在那裡作為你表達感恩的象徵，最終融入大地。野生動物也會撿走吃掉玉米粒，讓你的感謝訊息回到大自然的循環中。

這顆水晶就當成供品來表達對大自然的感謝，所以你並不會把它帶走。放棄一顆喜歡的水晶可能會有點難過，但這顆水晶變成了給聖靈的禮物。

馬布節／秋分日：迎接黑暗的儀式

年度之輪逐漸走向了黑暗的月分，這時就到了探尋內心的時候了。黑暗常常被錯誤地和負面事物聯繫在一起，但重要的是要理解它在大自然和我們的生活中是成長的前兆。隨著黑夜逐漸變長，這個儀式會幫助你理解這一點。

3個黑色蠟燭
小鏡子
黑色油漆
油漆刷

各種黑色水晶，以下是一些建議：

- 黑曜石：在變化中生存
- 黑色縞瑪瑙：把負面情緒轉化成有用的部分

- 黑色碧璽：保護
- 黑色煙水晶：處理失落和結束的情緒
- 黑煤玉：從經驗中獲得智慧

1. 在秋分天黑之後把所有材料在聖壇上準備好。

2. 點燃蠟燭，注視你在小鏡子裡的倒影。思考在寒冷的月分裡你需要釋放什麼。它可以是任何你認為阻礙你前進的事。對著鏡子大聲說出你的意圖，說：「*在這標誌著黑暗回歸的重要之夜，我把不再需要的東西送回大釜之中讓它回爐重造。我要讓〔你的意圖〕變得更好。如我所願，讓它實現。*」

3. 用黑色油漆塗在鏡子上，封存你的願望。

4. 一邊等待油漆變乾，一邊冥想那些你想要釋放的阻礙。

5. 油漆乾燥之後，把準備好的黑色水晶放在鏡子的深色表面上。水晶的能量能保護、封存那些你交託給黑暗並在黑暗之中重生的事物。

6. 讓水晶留在鏡子上，把它放在家裡的窗台上。要保護它不要被灰塵弄髒。等到春天來臨的時候，你應該就已經克服了那些你對鏡子說出的問題了。

　　馬布節標誌著一年之中寒冷季節的開始，是個適合反省、休息和改變的時期。這樣的法術會讓你了解到它的淨化和驅逐意義，讓你認識到冬天其實是個適合更新和成長的時期。

資源

關於女巫的書

Skye Alexander 著的《The Modern Guide to Witchcraft: Your Complete Guide to Witches, Covens, and Spells》，出版於 2014 年。

這本書為學習巫術提供了現代而有意義的角度。

Judika Illes 著的《Encyclopedia of 5,000 Spells: The Ultimate Reference Book for the Magical Arts》，出版於 2011 年。

這本書可以算是巫術的速成課程，還會講到幾乎適用於所有目的的法術。

Deborah Lipp 著的《Magical Power for Beginners: How to Raise & Send Energy for Spells that Work》，出版於 2017 年。

這本書會介紹關於能量和巫術你需要知道的一切。

關於水晶的書

Scott Cunningham 著的《Cunningham's Encyclopedia of Crystal, Gem & Metal Magic》，出版於 2002 年。

這本書是專門為了使用水晶的魔法從業者和女巫而編寫的。

Judy Hall 著的《The Crystal Bible: A Definitive Guide to Crystals》，出版於 2003 年。

這本書介紹了許多水晶的療癒和玄學特性，甚至講到了很多稀有水晶。

水晶資源

GeologyIn.com

這個網站會列出在美國各地的寶石展覽。寶石展覽是採購各種水晶的大好時機，也讓你有機會和供應商討論這些寶石。

Minerals.net

這個網站上有關於礦物質、水晶和寶石的完備資訊。

巫術用品

Etsy.com

在這個網站上你會找到成百上千知識淵博的魔法師和他們出售的各種各樣手工製作的巫術用品。

SacredMists.com

這間店鋪自從 1980 年代開始運營以來，就有讓人無法抗拒的豐富庫存。他們能提供女巫需要的一切用品。

WhiteMoonWitchcraft.com

這間網路商店出售手工製作的工具包、祭祀工具、珠寶以及個性化訂製的巫術用品。他們是帶著愛意精心製作每件商品的小店鋪。

Crystals for Witches
by Kate Freuler
Copyright © 2020 by Rockridge Press, Emeryville, California
Illustrations © 2020 Ameya Ajay. Photography © Lucia Loiso, p. 60; all other photography
used under license from Shutterstock.com and iStock.com.
First Published in English by Rockridge Press, an imprint of Callisto Media, Inc.
Published by arrangement with Callisto Media Inc
through LEE's Literary Agency

女巫的水晶魔法

出　　　版／楓樹林出版事業有限公司
地　　　址／新北市板橋區信義路163巷3號10樓
郵 政 劃 撥／19907596　楓書坊文化出版社
網　　　址／www.maplebook.com.tw
電　　　話／02-2957-6096
傳　　　真／02-2957-6435
作　　　者／愛麗莎・馬貝爾
譯　　　者／張笑晨
企 劃 編 輯／陳依萱
校　　　對／周季瑩、周佳薇
港 澳 經 銷／泛華發行代理有限公司
定　　　價／420元
初 版 日 期／2022年10月

國家圖書館出版品預行編目資料

女巫的水晶魔法 / 愛麗莎・馬貝爾作；
張笑晨譯. -- 初版. -- 新北市：楓樹林出
版事業有限公司, 2022.10　面；公分

譯自：Crystals for witches
ISBN 978-626-7108-77-2（平裝）

1. 巫術 2. 水晶

295　　　　　　　　111012305

.